近代日本の
戦傷病者と戦争体験

松田英里

日本経済評論社

目次

序章　なぜ戦場・戦争体験の固有性を問うのか

一　問題の所在――なぜ日露戦争の「癈兵《はいへい》」をとりあげるのか

本書は、主に日露戦争により心身に傷病を負った「癈兵」[1]の日露戦争後から日中戦争以前までの軌跡を検証することで、癈兵の戦場体験・戦争体験の固有性を明らかにしようとするものである。

過去の戦争の意味を位置づけるという行為は、戦争後の社会の政治思想や文化を規定することにつながる。戦後日本社会では、アジア太平洋戦争の「惨禍」から非戦・反戦という風潮を生み出し、今日に至っている。本書では主にアジア太平洋戦争中に過去の戦争として想起された日露戦争を取り上げたい。戦前の日本社会では、第一次世界大戦への参戦が部分的なものにとどまったこともあり、過去の戦争としてまず想起されるのは、日露戦争とその「栄光」であった[2]。

日露戦争では、陸軍だけで一〇八万八九九六人を動員し、戦死者は陸軍八万五二〇八人、海軍二九二五人、うち戦闘による死者は六万二九人であった[3]。そのほかに負傷者一五万三六二三人、病者二四万五三五七人、うち判明しているだけでも「不具癈疾《ふぐはいしつ》」（身体に障がい／疾病を負うこと）となり兵役免除となった者二万三一〇二人を出している[4]。

「台湾征服戦争」も含めた期間の日清戦争の軍人・軍属の戦病死者一万三四八八人（戦死・傷死一四一七人、病死一万一八九四人、変死一七七人）、「不具癈疾」となり兵役免除となった者三七九四人と比較しても[5]、日露戦争がいかに大規模な戦争であり、大きな犠牲を払ったのかがわかる。小口径連発銃や機関銃など銃器が著しい発達を遂げ、火砲も技術的に完成の域に達しようとする段階で戦われた日露戦争では、戦死者数を上回る数の負傷者が生じた[6]。

日露戦争の戦場の様子は日本国内にも伝えられていた。旅順攻略戦に参加し、重傷を負った陸軍中尉桜井忠温《さくらいただよし》の『肉弾』は日露戦争後にベストセラーとなったが、その叙述は近代火器が主力となった戦場の凄惨さについて、余すところなくふれている。

しかしながら、その凄惨な戦場で傷を負い、あるいは病にかかった人々は、日露戦争の「勝利」の記憶の影で、「戦勝」の熱気が冷めるとともに社会から忘れ去られた。一九六〇年に刊行された『日本残酷物語5　近代の暗黒』では、日露戦争後の戦傷病者の有り様をつぎのように語っている。

> 悲涙をのみほした人々は、そのころの日本の村々にかならず幾人かいた。ある者は盲になり、ある人は見るも醜いイザリになって。そして「癈兵の子」といえば乞食や賤民の子のように蔑視され、うしろ指をさされて嘲笑されたのである。
>
> すこし年齢をとった読者ならば、少年時代の町や村で、手風琴《てふうきん》をかき鳴らしながら古びた軍服を着て薬を

売って歩いていた癈兵の姿をありありと回想することができるだろう。「オイチニの薬売り」と呼ばれて、彼らは親しまれた。季節ごとに彼らは村をおとずれ、しばらくするといずこともなく去っていった。(7)

癈兵という呼称で呼ばれた彼らは、「戦争の惨禍」の象徴であるとともに、「乞食」や被差別部落民と同様に蔑視される対象でもあった。プロレタリア文学が彼らを度々モチーフとしてとりあげているのも、「戦争の惨禍」や国家・社会の矛盾の象徴として癈兵が格好のモチーフとなったからであったと指摘されている。(8)だが、こうした国家や社会からの待遇に対して、癈兵は受け身でいるだけではなかった。いわゆる「大正デモクラシー」の高揚期には、癈兵の側も恩給の増額をはじめ待遇改善を求めて積極的に運動を展開し、自らの戦争体験の意義をかけて政府や軍と鋭く対立をしている。先の『日本残酷物語5　近代の暗黒』においても、一九二三年に恩給増額を求めた「癈兵運動」が起きたことをふれている。

癈兵に対する待遇が抜本的に変化するのは、日中戦争が本格化し、総力戦体制が構築されてからである。「癈兵」は「傷痍軍人」と名称を改められ、戦傷病者を援護するための組織や制度が急速に整えられた。援護事業の本格的な拡充がはかられ、傷痍軍人は総力戦体制を支える労働力として着目された。また、傷痍軍人を指導・監督するための組織である「大日本傷痍軍人会」が一九三六年一二月に創設され、戦傷病者の国家への統合も進められた。

そのなかで、年齢を重ねたかつての日露戦争の癈兵は、大日本傷痍軍人会で要職を務めたり、あるいは受傷・発症後の体験を後進に向けて語ったりするなど、若い傷痍軍人を指導する立場に立つようになる。例をあげると、二〇三高地で左足を切断する重傷を負った蒲穆《かばあつし》は、大日本傷痍軍人会の副会長を務めている。先の桜井忠温は日露戦争後から執筆活動を活発に行い、大日本傷痍軍人会が創設されてからは、講演会などで自身の戦争体験と受傷後の体験を語っている。戦時中の癈兵は「傷痍軍人の先輩」として、戦傷病者の「模範」になることが求められたのであった。さらに、敗戦後においても、日露戦争の癈兵は戦後の傷痍軍人の組織である日本傷痍軍人会において蒲穆が会長に就任するなど、引き続き傷痍軍人の指導的立場にあり続けている。

以上のような癈兵の軌跡は、同じ戦傷病者でも、圧倒的な戦力差と飢餓や病に苦しんだアジア太平洋戦争の傷痍軍人とは、戦場体験も、その戦後体験もまた異なるはずである。

「戦争の惨禍」、国家・社会の矛盾の象徴とされながら、一方では自ら待遇改善の声をあげ、戦時中には一転して総力戦体制に組み込まれた「癈兵」。日露戦争での戦場体験から日中戦争に至るまでの彼らの歩んだ道のりを明らかにし、癈兵という存在から、日露戦争という戦争にせまりたい。これが本書における問題関心の核である。その際に、本書では国家や社会との緊張関係のなかで発せられる彼らの行動や言動を重視し、内在的な分析を行うよう心がけたい。それにより、戦場体験・戦争体験の意義を問う癈兵の思想的な営みを明らかにできると考えるからである。

最後に、本書の試みと現代社会との関連を二点ほど述べておきたい。二〇一五年九月、国会でいわゆる「安全関連保障法案」が成立し、日米安保体制は新たな局面に突入した。自衛隊には米軍の後方支援や「駆けつけ警護」などの新たな任務が与えられることになり、今後は自衛隊から戦死者や傷病者が出ることが予想される。その場合、自衛隊員とその家族に十分な国家的・社会的な補償をすることが、果たしてできるのだろうか。自衛隊の海外派兵が進む今こそ、直視せざるを得ない問題である。この迫りくる現実を前にした時に、現代社会よりもはるかに軍事優先の社会であった戦前日本の国家と社会が癈兵・傷痍軍人にどのような眼差しを向け、彼らを遇したのかを解き明かすことは、決して意味のないことではない。結論から言えば、戦前の日本社会は日中戦争から敗戦までの一時期を除いて、廃兵・傷痍軍人に対する態度は冷たく、国家補償も極めて脆弱なものであった。死語になりつつある廃兵や傷痍軍人が再び甦ろうとしている今の時代だからこそ、過去の歴史から学ぶ必要性は強まっているのではないだろうか。

また、障がい者問題との関連も述べたい。二〇一六年に相模原の障がい者施設で起きた事件は、日本社会に優生思想が根深く残っていることを浮き彫りにした。それ以前からインターネット上を中心に障がい者や性的マイノリティら社会的弱者・少数者への心無い批判や無理解があったが、事件以降はよりその度合いを強めているように感じる。とりわけ、マイノリティが被害告発や権利回復のために声を上げた時に、その傾向は顕著である。本書でとりあげる廃兵・傷痍軍人も、国家と社会に待遇の是正を求めて運動を繰り広げた。声をあげた彼らに対して向けられた冷淡な国家と社会の眼差しは、現代社会に巣食うマイノリティへの差別思想の源流の一つであると言えよう。障がいをもつ人々との共生のためには、マジョリティが内に抱える差別と向かい合うことが必要不可欠である。本書の試みは、共生社会を目指すための第一歩として、戦前から現代社会に連続する障がい者への差別思想の源流を明らかにしようとするものでもある。

二　本書の課題と分析視角

「戦争により傷病を負った軍人」を指す用語は時代によって異なり、その語に含まれる対象範囲や社会的な意味合いも異なる。日露戦争後は「廃兵」という用語が一般的に用いられていたが、一九一七年の軍事救護法成立によって「傷病兵」の名が併用された。しかし、「癈兵」という用語はその後も公文書や新聞報道、一般社会で使用され続けた。一九三一年一月の兵役義務者及癈兵待遇審議会の答申では「傷痍軍人」が用いられ、同年の満州事変から新聞報道においても「傷痍軍人」に用語の統一がなされた。(9) 本論文では、各用語が時代ごとにもつ対象範囲や社会的意味合いを重視するために、主に日清・日露戦争の戦傷病者を指す「癈兵」と満州事変以降の戦傷病者を指す「傷痍軍人」というように、時代に応じて用語の使い分けを行う。なお、単に「戦争により傷病を負った軍人」を指し示す場合は「戦傷病者」という用語を用いることとする。

癈兵とは、一九二七年一〇月に陸軍省が出した見解によると、戦闘または公務に基因する傷痍疾病によって「不具癈疾」となり、増加恩給を受給する者を指す。(10) 増加恩給とは、兵役義務履行に伴い傷痍疾病を負った者に傷病の程度（最重症第一項から最軽症第六項まで）と原因（戦闘による「傷痍」（甲号）と普通公務による傷病（乙号）の二種類）、軍隊内の階級に応じて支給される年金である。増加恩給は、退職恩給あるいは免除恩給と併給される。なお、戦闘または公務に基因する傷痍疾病によって退職または兵役免除となった者でも、「不具癈疾」の程度に達しない比較的軽症の者には、賑恤金《しんじゅつきん》と呼ばれる一時金が支給された（表序－1参照）。したがって、陸軍省の見解に従うと、癈兵には下士兵卒のみならず佐尉官・将官をも含み、比較的軽症の一時金受給者は含まれないことになる。

従来、「癈兵」という用語が指す範囲は、腕や足を失い、見た目にも「重症者」とわかる増加恩給受給者に限定されていることが多かったように思われる。しかし、第四章で述べるように、日露戦争の負傷者のなかには、受傷当時は軽症であったため増加恩給の支給基準を満たしていないと判定されたものの、のちに傷が悪化し、重症化するという事例が報告されている。彼らは、のちに「一時《いちじ》賜金癈兵《しきんはいへい》」と呼ばれ、その一部は一九二〇年代以

表序-1　軍人恩給法による恩給支給要件

軍人恩給法	恩給法（1923年）での名称	恩給の支給内容	年限の有無	対象者
退職恩給（第四条）	普通恩給（第四十六条・第六十一条）	服役年数と階級に応じて支給。	終身	准士官以上
免除恩給（第五条）		服役年数と階級に応じて支給。傷痍疾病のため現役免除となった場合は恩給発生年限の下限である11年の服役とみなして支給。	終身	下士以下
増加恩給（第九条）	増加恩給（第四十六条・第五十五条）	免除恩給と併給。症項、階級、傷痍疾病の原因（戦闘による傷痍（甲号）、普通公務による傷痕（乙号））に応じて支給。	終身	准士官以上・下士・卒
賑恤金（第十四条）	傷病賜金（第六十六条）	増加恩給の症項より軽症の者に支給。階級、傷痍疾病の原因（甲号乙号）に応じて支給。	一時金	一時賜金癈兵（下士以下）

出所：1904年軍人恩給法中改正法律（法律第19号）。

降に増加恩給の支給を求めて運動を展開した。こうした経緯を踏まえると、恩給制度に依拠した陸軍省の見解では、「癈兵」の概念を狭め、実態を反映しきれない。よって、本書では「戦争で負傷または傷病を負った軍人」という意で「癈兵」という概念を使用し、必要に応じて、「増加恩給を受給する癈兵」、「一時賜金癈兵」など用語上の区別を行う。

戦傷病者に関する先行研究は、社会事業史研究の分野から軍事援護事業の特殊性が指摘されたことを出発点としている。代表的な研究者の一人である吉田久一は、軍事救護法の被救護者が選挙権・被選挙権を喪失しないこと、扶助金品への課税や差し押さえが禁止されていたことから、一般救貧制度とは異なる処遇性が軍事援護事業に与えられていたことを指摘している(11)。吉田のこの指摘は、その後の軍事援護政策に関する研究の理論的枠組みの支柱をなしている。近年は、この枠組みを継承しつつ、個々の政策立案過程を分析した研究が社会事業史研究や軍事史研究の分野でみられる。本節では、はじめに戦傷病者をめぐる研究状況を、(1)日露戦争後の癈兵、(2)満州事変からアジア太平洋戦争の傷痍軍人、(3)アジア太平洋戦争後の傷痍軍人と時代ごとに分けて整理を行い、そのつぎに本書における課題を述べたい[12]。

(1) 日露戦争後の「癈兵」

日露戦争後の癈兵に関する研究は、主に癈兵の生活実態と癈兵対策の両面から分析がなされている。前者の代表的な研究としては、山田明の一連の業績が挙げられる[13]。山田は福島県と長野県の地域史料を用いて丹念に癈兵の生活状況を分析しており、農村部における癈兵の生活実態を明らかにしている。

癈兵対策に関する研究としては、一九〇六年の癈兵院法により設立された癈兵院と一九一七年に成立した軍事救護法に関する研究がある。癈兵院に関する研究は、癈兵院の設立が社会主義思想に対する「予防的社会政策」としての側面があったことを明らかにした石井裕の研究が挙げられる[14]。軍事救護法については、その成立過程を分析した一ノ瀬俊也や郡司淳らの研究がある[15]。

そのなかで、一九二三年の癈兵による恩給増額運動をとりあげた郡司の研究は、癈兵の主張や行動を分析し、運動の特徴と限界性を指摘した研究として特筆される[16]。

(2) 満州事変からアジア太平洋戦争の「傷痍軍人」

満洲事変以降の傷痍軍人に関する研究は、総動員体制、「天皇制ファシズム」に関する研究への関心の高さから、主に戦時下の軍事援護事業の一分野として言及されてきた。

早くには、山本和重が満州事変期の労働者統合策の特質を把握するという問題関心から、一九三一年に制定された入営者職業保障法の効力の実態を分析し、大企業の福利厚生として行われた個別的救護が、軍事救護の法的拡充の阻害要因となっていることを明らかにしている[17]。

日中戦争期の地域社会における軍事援護事業の展開について分析した佐賀朝は、総動員体制の構築に軍事援護事業が果たした役割を論じている。佐賀は、軍事扶助法（一九三七年に軍事救護法を改正）による限界を補うため地域社会で行われたさまざまな軍事援護事業を通じて、遺家族の監視と権利の抑圧が進んだことを指摘し、地方公共団体・地域社会の機能を国家統制の限界を補う不可分のものとして利用するかたちで、総動員体制が構築されたと論じている[18]。一ノ瀬俊也や郡司淳、小林啓治は日中戦争からアジア太平洋戦争にかけての地域社会における軍事援護事業の展開を詳細に分析している[19]。また、近年は総力戦体制論・福祉国家論に関する研究の高まりから、軍事援護事業を分析する動向もみられる[20]。

傷痍軍人に焦点を絞った研究では、戦中の「白衣の勇士」から戦後の「白衣募金」者へと変化する傷痍軍人像に焦点を当てた植野真澄の研究がある[21]。また、障がい者の視点から援護事業を分析したものとしては、生瀬克己の一連の研究があげられる。生瀬は一連の論稿で傷痍軍人が他の障がい者と隔てられ、制度的・社会的に特異性が付与される過程を考察している[22]。そのほか、戦中から戦後への障害者福祉の連続性という問題関心から傷痍軍人を論じた論稿として、戦中の傷痍軍人に対する職業保護と戦後の障がい者に対する就労支援とのつながりを分析した上田早記子の研究などが挙げられる[23]。また、地域史・生活史の観点から傷痍軍人療養所と入所する傷痍軍人の生活について考察した矢野慎一[24]・井上弘[25]の研究も戦中の傷痍軍人の生活を知るうえで貴重な成果である。

なお、近年では、戦争犠牲者という側面のみで傷痍軍人を捉えることに疑問を呈する指摘がなされはじめている。内海愛子は、傷痍軍人が捕虜監視員として捕虜収容所に配属されていたことを指摘している[26]。吉田裕は戦時中に大日本傷痍軍人会の幹部が民衆の言動を摘発する役割を担わされていたことについて座談会で言及し、傷痍軍人が被害者と加害者という重層的な立ち位置にいたことを指摘している。[27]

(3) アジア太平洋戦争後の「傷痍軍人」

敗戦国となった日本では、非軍事化政策の一つとして旧軍人に対する軍事援護事業が廃止され、軍人恩給も一九四六年二月一日勅令第六八号「恩給法の特例に関する件」によって重症者に対する増加恩給を除き、支給が停止された。その後、戦傷病者・戦没者遺族の援護問題についての議論が高まり、平和条約発効の二日後である一九五二年四月三〇日に戦傷病者戦没者遺族等援護法（以下、援護法と略記）が公布・施行された。翌五三年には恩給法の改正により軍人恩給が復活した。

アジア太平洋戦争後の傷痍軍人をめぐる研究動向については、援護法制定・軍人恩給の復活の過程を政治史的に明らかにした研究と「忘れられた存在」としての傷痍軍人の存在に焦点を当てた研究の二つに大別できる。前者の援護法制定・軍人恩給復活の政治過程に関する研究が、戦争責任あるいは戦後補償についての関心から行われる場合が多いのに対して、後者の場合は、傷痍軍人を通じて戦後日本社会の「戦争の記憶」や戦争観がいかに形成されたのかという問題関心からアプローチがなされる傾向が多いように思われる。

前者についての先駆的な研究は、田中伸尚・田中宏・波田永実による『遺族と戦後』[28]である。この研究成果を受けて、援護法や恩給法をめぐる政治過程に関する研究が深められ、援護法の成立と軍人恩給の復活に旧軍人団体が果たした役割を考察した木村卓滋による研究などが出されている。[29]ほかにも、援護法の立法過程に関する植野真澄の研究[30]、軍人恩給の復活をめぐって、国家補償の観点から復活に賛成する意見と社会保障の観点から戦争犠牲者対策をすべきであるという意見が、戦争責任の所在をめぐる問題ともからんで対立していたことを考察した赤澤史朗の論稿がある。[31]

なお、旧植民地の朝鮮・台湾から軍人・軍属として徴兵・徴用された人々は、今なお援護法・恩給法の適用から排除されている。朝鮮人戦傷病者の立場から援護法・恩給法を批判したものとしては、川瀬俊治[32]・金敬得[33]の論稿がある。川瀬・金の論稿は、国籍法と戸籍法を理由に旧植民地出身者への恩給法・援護法の適用除外がなされている事実と国家補償・社会保障の双方の見地からも旧植民地出身者を排除する不当性を告発している。

後者の傷痍軍人の存在に焦点を当てた最初の論稿は、しまね・きよしの論稿である。[34]しまねは、傷痍軍人の戦争観について分析し、傷痍軍人が戦中の「軍人精神」を戦後に持ち越していると考察している。「忘れられた存在」としての傷痍軍人に問題関心を寄せた研究としては、「白衣募金者」に焦点をあてた植野真澄の一連の研究が挙げられる。[35]植野は一連の論稿での分析を通じて、戦後日本社会が傷痍軍人を「戦争の惨禍」と捉えることで、戦争体験の意味を問う作業が思考停止に陥ったと指摘している。その結果、国内外を問わず、あらゆる戦争被害を「戦争の惨禍」としてみなしてしまう状況が形成されたと論じている。また、精神障害を負った傷痍軍人に関しては、彼らの戦後史にせまった吉永春子[36]の詳細なルポルタージュがある。近年は、清水寛[37]・中村江里[38]らによって病床日記などの資料を用いた研究が進められている。

以上、戦傷病者に関する先行研究を日露戦争後からアジア太平洋戦争の敗戦に至るまで、三つの時期に区分して概観してきた。戦傷病者に関する研究は、政策史・制度史を中心に近年その厚みを増している。

だが、植野が指摘するように、癈兵・傷病兵・傷痍軍人の視角から当事者が抱える固有の問題に迫ろうとした研究は三つの時期を通して少なく、研究は始まったばかりである。[39]特に戦前から戦中については、制度史・政策史の研究蓄積は厚みを増しつつあるものの、当事者の視角から制度史・政策史を捉え直すという試みは、まだその途についたばかりである。彼らの視座から戦争の時代を明らかにする必要がある。

本書では、前節で述べた問題の所在と上記の先行研究の整理をもとに、以下の課題と分析視角を設定する。

一つめは、廃兵の行動や言動に即して彼らの戦場体験・戦争体験の意義を内在的に明らかにすることである。前述したように、廃兵は国家と社会に向けて自ら待遇改善を求めて行動を起こしている。それは、「戦争の惨禍」として同情や蔑視の対象にされながらも、その位置から抜け出そうという彼らの必死の「抵抗」であった。民衆史研究では、スラム街の住民、女工、小作人、抗夫、被差別部落民、在日朝鮮・韓国人など貧困や労働問題、差別問題に関心を向け、その現場で紡ぎだされる思想や貧困・差別への「抵抗」、あるいは「解放」を目指す運動を叙述してきた[40]。だが、植野が指摘するように、その民衆史研究においても、廃兵・傷病兵・傷痍軍人を「抵抗」あるいは「解放」の主体としてみなす視角はなかったと言わざるをえない[41]。

そのなかで、前述の郡司の研究は、廃兵による恩給増額運動についてふれた唯一の研究として特筆される。郡司は、恩給増額運動を「一般の救貧制度から自らを峻別し、その特権性を誇示した」ものであると指摘している[42]。郡司によると、「特権性」とは、国家最高の義務である兵役に服し、「名誉の負傷」を負ったとの廃兵の自己認識に根ざしているとされている。だが、運動の過程で廃兵が自らの戦争体験をどのように捉えていたのかという点については十分な分析がなされていない。「特権性」を有するという廃兵の自己認識に基づいて起こった運動であるならば、戦場体験・戦争体験の意義をめぐって国家や社会と廃兵のあいだで鋭い対立が生じると考えられる。本書では、廃兵が起こした待遇改善運動の実態と過程をさらに深めて分析することで、戦場体験・戦争体験の意義を問う彼らの思想的営みを明らかにしたい。それは、ひいては民衆史研究からも取り残された廃兵を「抵抗」、あるいは「解放」の主体として位置づけなおすことにもつながるだろう。

二つめは、戦争犠牲者という特異な位置づけが、廃兵の行動や言動に与えた影響を明らかにすることである。先述したように、廃兵は差別される存在であったが、一般の障がい者に対しては、制度的にも社会的位置づけにおいても優位な存在に置かれていた。軍事援護政策の整備が進んだ日中戦争以降には、それがより顕著になる。また、郡司が指摘するように、廃兵による恩給増額運動は、兵役義務の履行と国家の遂行した戦争で「名誉の負傷」を負ったという「事実」を楯に要求を正当化するという特徴をもっていた。つまり、「戦争の惨禍」という位置づけからの「抵抗」あるいは「解放」の際に、貧困者や一般の障がい者を峻別していくという側面もはらんでいたのである。本書では、先行研究の成果をふまえながらも、戦争犠牲者という特異な位置づけが廃兵の行動や言動をいかに規定したのかという側面を重視したい。それを明らかにすることで、貧困者や一般の障がい者から戦争犠牲者である廃兵を峻別する論理の構造とその問題性に迫りたい。

本書では、運動の主体者、戦争犠牲者という二つの視角と上記の課題から、総体的・構造的に廃兵の歴史を解明することをとおして、冒頭の目的に迫ることとする。そのため本書では、つぎの構成をとった。

第一章では、一九二〇年代の待遇改善運動の展開過程の分析を通じて、廃兵による運動の意義と課題を明らかにする。とくに、郡司が指摘するところの「特権性」という廃兵運動の限界性が作り出された要因について、彼らの戦場体験・戦争体験との関係を重視しながら内在的な検証を行いたい。第二章では、国家的権威にもとづいた「名誉の負傷者」という特殊な立ち位置が、廃兵の行動や言動にどのような影響を与えたのかを明らかにする。なかでも、第一章で論じた一九二〇年代の廃兵による待遇改善運動を背景として、軍や援護団体、地方行政機関と廃兵との間で生じた名誉性をめぐる相克に焦点をあてたい。それにより、国家的権威にもとづいた戦争犠牲者の「名誉」とは何だったのかということについても考察の域を広げたい。第三章では、日清・日露戦争の戦場跡を巡る慰霊の旅に参加した廢兵の旅行記の分析を行い、彼らの戦場体験・戦争体験の位置づけを明らかにしたい。この旅行は、待遇改善運動を牽引した団体の一つである残桜会の主催で行われた。第一の課題にある運動と廢兵の戦場体験・戦争体験との関係について分析を深めるためにも、ここでは旅行記の分析を行う。第四章では、比較的軽症のために増加恩給の支給対象とならなかった一時賜金廢兵による増加恩給獲得運動と待遇改善運動をとり上げる。増加恩給を受給する廢兵と同じ戦争体験を有しながらも、廢兵と認知されていない一時賜金廢兵は、廢兵としての認知を得るところから運動をはじめなければならなかった。そのため、戦場体験・戦争体験の意味づけをめぐって、増加恩給を受給する廢兵以上に国家や社会との間で鋭い摩擦を引き起こす可能性をもっていた。第四章では、一時賜金廢兵の運動と彼らの戦場体験・戦争体験が運動に持った意味を明らかにしたい。なお、それとともに第四章では、一時賜金廢兵という存在を生み出した原因である恩給制度の問題にも迫りたい。

終章では、一章から四章までの分析と考察をふまえ、廢兵の戦場体験と戦争体験がもった意味について総括を行う。

注

（1）以下、煩雑になるため必要な場合を除き「廢兵」、「傷病兵」、「傷痍軍人」、の「　」は基本的に省略する。

（2）原田敬一「慰霊と追悼――戦争記念日から終戦記念日へ」（倉沢愛子ほか編『岩波講座　アジア・太平洋戦争2　戦争の政治学』岩波書店、二〇〇五年）。

（3）大江志乃夫『日露戦争の軍事史的研究』（岩波書店、一九七六年）一二九頁。

（4）陸軍軍医学校編『陸軍軍医学校五十年史』（初版一九三六年、複製版不二出版、一九八八年）五八～五九頁。

（5）付録第一二〇「減耗人員階級別一覧表」（参謀本部編『明治二十七八年日清戦史』第八巻、東京印刷、一九〇四年）。
（6）大江前掲書、第二章第一節。
（7）宮本常一・山本周五郎・楫西光速・山代巴監修『日本残酷物語5　近代の暗黒』（初版一九六〇年、平凡社ライブラリー版一九九五年）五三五頁。
（8）郡司淳「解説　傷痍軍人の視座から戦争の時代を読み解くために」（サトウタツヤ・郡司淳編『編集復刻版　傷痍軍人・リハビリテーション関係資料集成』第一巻、六花出版、二〇一四年）。
（9）郡司淳『軍事援護の世界――軍隊と地域社会』（同成社、二〇〇四年）七九頁。
（10）陸軍次官畑英太郎「本邦癈兵制度ニ関スル件」（一九二七年一〇月六日、『癈兵院関係雑件』昭和二年、外務省外交史料館所蔵）、郡司前掲書、七九頁。
（11）吉田久一『現代社会事業史研究』（勁草書房、一九七九年）第一部第二章、第三部第四章。
（12）なお、先行研究の整理にあたっては、植野真澄「『傷痍軍人』をめぐる研究状況と現在」（『季刊　戦争責任研究』第五五号、二〇〇七年）を参照した。
（13）山田明「日露戦争時の廃兵の生活困窮と援護計画」（『日本福祉教育専門学校研究紀要』第四巻第二号、一九九五年）、同「日露戦争時帰郷廃兵の生活と地域援護」（同第五巻第一号、一九九六年）。
（14）石井裕「東京癈兵院の創設とその特質」（『日本歴史』第六九三号、二〇〇六年）。
（15）一ノ瀬俊也『近代日本の徴兵制と社会』（吉川弘文館、二〇〇四年）、郡司淳『近代日本の国民動員』（刀水書房、二〇〇九年）。
（16）郡司前掲書（二〇〇四年）第五章。
（17）山本和重「満州事変期の労働者統合」（『大原社会問題研究所雑誌』第三七二号、一九八九年）。
（18）佐賀朝「日中戦争期における軍事援護事業の展開」（『日本史研究』第三八五号、一九九四年）。
（19）一ノ瀬前掲書、郡司前掲書（二〇〇九年）、小林啓治『総力戦体制の正体』（柏書房、二〇一六年）。
（20）鐘家新『日本型福祉国家の形成と「十五年戦争」』（ミネルヴァ書房、一九九八年）、藤井渉『障害とは何か――戦力ならざる者の戦争と福祉』（法律文化社、二〇一七年）。
(21)　植野真澄「傷痍軍人・戦争未亡人・戦災孤児」（倉沢愛子他編『岩波講座　アジア・太平洋戦争6　日常の中の総力戦』岩波書店、二〇〇六年）。
(22)　生瀬克巳「15年戦争期における〈傷痍軍人の結婚斡旋〉運動覚書」（『桃山学院大学人間科学』第一二号、一九九七年）、同「日中戦争期の障害者観と傷痍軍人の処遇をめぐって」（同第二四号、二〇〇三年）、同「破壊される心と身体」（倉沢他編前掲書）。
(23)　上田早記子「昭和十年代の臨時陸軍病院におけるリハビリテーション」（『四天王寺大学紀要』第五四号、二〇一二年）。
(24)　矢野慎一「傷痍軍人療養所の歴史――特に箱根療養所を中心として」（『小田原地方史研究』第二〇号、一九九七年）。
(25)　井上弘・矢野慎一「軍人の療養地としての地域――アジア太平洋戦争下の箱根」（上山和雄編『帝都と軍隊』日本経済評論社、二〇〇二年）。
(26)　内海愛子『日本軍の捕虜政策』（青木書店、二〇〇五年）二八九～二九一頁。
(27)　内海愛子・成田龍一・吉田裕（「いま、戦争を考える」『図書』第七四五号、二〇一一年三月）。
(28)　田中伸尚・田中宏・波田永実『遺族と戦後』（岩波書店、一九九五年）。
(29)　木村卓滋「戦傷病者戦没者遺族等援護法の制定と軍人恩給の復活」（『人民の歴史学』第一三四号、一九九七年）。
(30)　植野真澄「戦傷病者戦没者遺族等援護法の立法過程の考察」（『東京社会福祉史研究』第三号、二〇〇九年）。
(31)　赤澤史朗「１９５０年代の軍人恩給問題（１）」（『立命館法学』第三三三・第三三四号、二〇一〇年）。
(32)　川瀬俊治「在日朝鮮人と援護行政」（吉岡増雄編著『在日朝鮮人と社会保障』社会評論社、一九七八年）。
(33)　金敬得「在日韓国・朝鮮人戦傷者の訴え」（戦後補償問題研究会『在日韓国・朝鮮人の戦後補償』明石書店、一九九一年）。
(34)　しまね・きよし「傷痍軍人と十五年戦争」（『思想の科学』第二一号、一九六三年）。
(35)　植野真澄「戦後日本の傷痍軍人」（川村邦光編『戦死者をめぐる宗教・文化の研究』科研費報告書、二〇〇三年）、同「占領下日本の再軍備反対論と傷痍軍人問題」（『大原社会問題研究所雑誌』第五五〇号・第五五一号、二〇〇四年）、同

「白衣募金者とは誰か」（『待兼山論叢』第三九号、二〇〇五年）。
(36) 吉永春子『さすらいの〈未復員〉』（筑摩書房、一九八七年）。
(37) 清水寛編『日本帝国陸軍と精神障害兵士』（不二出版、二〇〇六年）。
(38) 中村江里『戦争とトラウマ』（吉川弘文館、二〇一八年）。
(39) 植野前掲論文（二〇〇七年）六四頁。
(40) 成田龍一「解説――『民衆史研究』前夜の歴史記述」（宮本常一他監修前掲書、平凡社ライブラリー版一九九五年所収）。
(41) 植野前掲論文（二〇〇三年）三一〇頁。
(42) 郡司前掲書（二〇〇四年）第五章。

第一章　「社会復帰」と待遇改善運動――一九二〇年代

はじめに

本章は、一九二〇年代の廢兵による待遇改善運動に焦点をあて、当該運動を廢兵が起こすに至った経緯とその展開過程を分析し、運動の意義と課題を明らかにすることを目的とする。

序章で述べたように、廢兵に関する先行研究は、社会事業史研究によって先鞭がつけられた。だが、社会事業史研究と軍事史研究を中心とした従来の先行研究では、あくまでも廢兵は政策対象者という位置づけであり、廢兵自身に焦点が当てられることはあまりなかったように思われる。当事者である廢兵の存在が軍事援護政策をどのように規定したのか明らかにするためにも、彼ら自身の行動や言動を分析することが重要である。

そのなかで一九二三年の恩給法成立時の廢兵による恩給増額運動について分析した郡司淳の研究は、廢兵の行動や言動に着目したものとして注目される(1)。郡司は、恩給増額運動を「一般の救貧制度から自らを峻別し、その特権性を誇示した」として、運動の特徴とその限界性を指摘している。本章では、貧困者・一般の障がい者と自

表１－１　退職恩給表

（単位：円）

官等	将官及相当官			佐尉官及相当官						准士官
	高等官									判任官
年数	親任	一等	二等	三等	四等	五等	六等	七等	八等	一等
11年	1,800	1,440	1,260	900	720	540	360	270	216	180

出所：金額は1911年軍人恩給法中改正法律（法律第59号）による。
注：傷痍疾病のため現役免除となった場合は、恩給発生年限の下限である11年の服役とみなして支給する。

表１－２　免除恩給表

（単位：円）

官等	下士			卒				
	判任官			海軍一等卒	陸軍上等兵	陸軍一等卒	陸軍二等卒	海軍五等卒
年数	二等	三等	四等		海軍二等卒	海軍三等卒	海軍四等卒	
11年	108	96	84	72	66	60	54	48

出所：金額は1911年軍人恩給法中改正法律（法律第59号）による。
注：傷痍疾病のため現役免除となった場合は、恩給発生年限の下限である11年の服役とみなして支給する。

らを峻別することで権利の正当性を主張していくという運動の限界性を前提としつつも、彼らの戦場体験・戦争体験との関連を重視しながら運動の展開過程をより内在的に検証することで、限界性が作り出された要因について運動の構造から分析するとともに、冒頭の目的に迫りたい。

一　「社会復帰」における格差

(1)　「癈兵《はいへい》」をめぐる諸制度

一九一六年に陸軍省が全国一斉に実施した軍人遺族・癈兵・現役兵家族の生活調査では、癈兵の生活実態が浮き彫りにされた。陸軍省の調査結果によると、戦死者の遺族四一万四五六四人（八万六〇六九戸）、癈兵とその家族は一一万六八三九人（一万九一二〇戸）である。癈兵の場合、一戸当たりの家族数は六人である。戦死者遺族のうち「無財産」は一万二二三三戸、「無収

表1－3　増加恩給表

（単位：円）

種類			甲号（戦闘による傷痍）						乙号（普通公務）					
官等＼症状等差			第一	第二	第三	第四	第五	第六	第一	第二	第三	第四	第五	第六
将官及相当官	高等官	親任	2,000	1,715	1,429	1,143	858	572	1,400	1,200	1,000	800	600	400
将官及相当官	高等官	一等	1,600	1,372	1,143	915	686	458	1,120	960	800	640	480	320
将官及相当官	高等官	二等	1,400	1,200	1,000	800	600	400	980	840	700	560	420	280
佐尉官同相当官	高等官	三等	1,000	858	715	572	429	286	700	600	500	400	300	200
佐尉官同相当官	高等官	四等	800	686	572	458	343	229	560	480	400	320	240	160
佐尉官同相当官	高等官	五等	600	515	429	343	258	172	420	360	300	240	180	120
佐尉官同相当官	高等官	六等	400	343	286	229	172	115	280	240	200	160	120	80
佐尉官同相当官	高等官	七等	300	258	215	172	129	86	210	180	150	120	90	60
佐尉官同相当官	高等官	八等	240	206	172	138	103	69	168	140	120	96	72	48
准士官	判任官	一等	200	172	143	115	86	58	140	120	100	80	60	40
下士	判任官	二等	135	116	97	78	58	39	95	81	68	54	41	27
下士	判任官	三等	120	103	86	69	52	35	84	72	60	48	36	24
下士	判任官	四等	105	90	75	60	45	30	74	63	53	42	32	21
卒	海軍一等卒		90	78	65	52	39	26	63	54	45	36	27	18
卒	陸軍	海軍												
卒	上等兵	二等卒	83	72	60	48	36	24	59	50	42	34	25	17
卒	一等卒	三等卒	75	65	54	43	33	22	53	45	38	30	23	15
卒	二等卒	四等卒	68	59	49	39	30	20	48	41	34	28	21	14
卒	海軍五等卒		60	52	43	35	26	18	42	36	30	24	18	12

出所：金額は1906年軍人恩給法中改正法律（法律第20号）による。

入」は五一〇四戸、癈兵とその家族のうち「無財産」は二九一八戸、「無収入」は六七七戸となっている(2)。

つぎに陸軍省の調査が実施された一九一六年頃の恩給受給金額について、表1－1、1－2、1－3からみてみよう。退職恩給・免除恩給については一九一一年に、増加恩給は一九〇六年に増額がされている。それに基づき、陸軍二等卒が最も支給金額の高い第一項症（甲号）に該当したとして恩給受給金額をみてみると、増加恩給は年額六八円である。これに免除恩給が年額五四円併給されるので、免除恩給と増加恩給をあわせた合計金額は年額一二二円である。月額では、約一〇円である。一九一六年の白米一升あたりの小売値段は米価高騰直前で、およそ一七銭であった(3)。一戸あたり六人家族と仮定した場合、恩給以外に収入がないとなると非常に困窮する事態に陥ると予想される。軍隊内の階級に応じて上に厚く下に薄いという点、そして絶対的な支給額の寡少さという点が日本の恩給制度の特徴であった。

日露戦争後には、恩給制度のこうした欠陥を補うため癈兵院と軍事援護事業を二つの柱として癈兵対策が実施された。癈兵院とは一九〇六年四月七日公布の癈兵院法により設置された扶養施設である。しかし、癈兵院法には入所期間中の恩給を停止するという規定が設けられていたため、残された家族の生活が成り立たないという問題が起こり、癈兵院の入所率は不振をかこった(4)。日本の癈兵院はあくまで恩給制度の補助機能と慈恵的象徴的機能を重視した救貧施設であった(5)。

一方、軍事援護事業の指針である軍事救護法（一九一七年法律第一号）の欠陥については、すでに出願手続きの煩雑さ、実際の給付金額が寡少であったことなどが指摘されている(6)。だが、癈兵にとって最大の障壁となったのは、郡司が指摘するように、救護認定基準と法の運用のあり方であった。軍事救護法の救護認定基準は、現役兵貧困家族の生計状況をもとに算出された。しかし、その基準を恩給受給者である癈兵やその家族と遺族、戦死者遺族にも一律に適用し、恩給を収入として算入したために、恩給受給者である彼らは認定基準を超えてしまい、救護対象から除外されるという運用上の大きな問題点を抱えていた。とくに癈兵の場合は、傷痍疾病の程度が重症の者ほど増加恩給の支給額が高いため、収入・財産・家族数などを捨象《しゃしょう》して考えれば、軍事救護法の被救護者認定にさいして不利に働くという点も問題であった(7)。

以上のような癈兵に関する制度的欠陥は、現役・応召下士兵卒家族、戦死者遺族、癈兵という本来は同列にできない対象を国家最高の兵役義務を果たしたという一点で一律に被救護者としたことに基因していた。救護対象を幅広く包摂する一方で、運用時に救護資格や基準を設けることにより、救護対象者の差別化を図るという構造が軍事救護法の本質であった。そして、実際に主な救護対象者となったのは、現役兵の貧困家族であり、彼らは被救護者の七割から八割を占めた(8)。この結果がもたらされた背景には、すでに指摘されているように、軍が法案の制定に動き始めた段階から現役兵員数の確保と兵役義務を負った人々の「士気」の低下防止に主眼を置いていたことにあった(9)。

一九一九年に陸軍次官が地方長官と憲兵司令官に宛てた通牒には、軍の癈兵に対する認識が端的に示されている。通牒では、「偽癈兵」や癈兵による薬の押し売りが横行していることを受けて、こうした「不正ノ行為」が「世人ノ軽侮増悪ヲ招クノミナラス延テ累ヲ軍隊ノ威信ニ及ホスノ虞」があり、「殊ニ戦争ノ悪惨ヲ直接公衆ニ暴露スルカ如キハ国民特ニ青年ノ鋭気ヲ萎縮セシムル」という懸念が示されている(10)。

軍にとっては兵士となる「青年ノ鋭気」の「萎縮」が第一に想起される問題であり、そうした思考回路から立案された軍事救護法では、癈兵や戦死者遺族の救護は付随的な位置づけに落とされざるを得なかった。

(2)　階級と学歴

では、実際に郷里に帰還した癈兵はどのような生活を送っていたのだろうか。その一端をうかがうために、一九〇六年六月から七月にかけて『河北新報』に掲載された仙台市内の癈兵の様子を報じる記事をみていこう。

河北新報が取材した三一人のうち、おおよそも含めて階級の判明しているのは二五名である。将校は尉官が一名、下士官は六名（特務曹長三名、曹長一名、憲兵曹長一名、伍長一名）、兵士は一八名である。ほかに軍医が一名確認できる。表1－4は三一人の氏名や軍隊内の階級、傷病の程度、負傷場所、現在の職業・経済状態、傷病の状態などについてまとめた表である。

表1－4 『河北新報』に掲載された仙台市内の癈兵の様子（一九〇六年）

	氏名	階級	傷病の程度	負傷場所	現在の職業・経済状態、傷病の状態	その他（要望、現在の心境、出征した時の状況、家業などについて）	記事掲載日付
①	西乙治	特務曹長	銃創による破傷風（右大腿骨以下切断）	奉天会戦	鶏を飼って暮らしている。義足に慣れず長時間の読書も耐えられない。	軍人救護会や在郷軍人団に加入できない、癈兵のための会が欲しい。	6・18
②	横田栄吉	伍長	銃創・凍傷（両手両足切断）	同	「此の様子では将来何の職業に附くといふことも到底出来ないだらうふと思ひます」、「恩給の御沙汰で御下賜金とてもないもので昨今は殆んど小遣銭にも窮するやうなわけです」。	「旭川第二七連隊」所属。現役を終えた翌年に召集された。「仮の義足をつけておきますがあまり長く付けて置けば血液の循環を滞らせるので爾う〔そう〕長くは保てません」、「殊に雨の降る日など徒然の折にも誰一人慰めて呉れるものもなし」。	6・19
③	菅原巳之吉	一等卒	貫通銃創（左足切断）	二〇三高地	「恩賜の義足」が適合し、歩行は可能。家業の竹細工を行い、さらには近所の「情けある方」に雇われて、茶の製造業にも従事。	「旭川第二七連隊」の所属として現役中に出征。	6・22
④	山田襲造	二等卒	左眼負傷（左目失明）	同	農業に従事。義眼着用するも「二人の仕事を一人でするようなもの」で疲れがひどい。	「旭川第二七連隊」所属として出征。	6・23
⑤	我妻久之助	〔兵卒カ〕	貫通銃創（半身不随）	高台嶺	煙草行商を行うも「自分の食料にも足らぬ」。雨の日は傷の痛みが激しい。大家族で生活が厳しい。	補充兵として歩兵第四連隊に所属し、出征。出征前は父親とともに大工をしていた。	6・24
⑥	八丁目直久	特務曹長	貫通銃創（右脛以下切断）	沙河会戦	鉱山監督署勤務。	戦争当時に比べて周囲が冷たい。「名誉の負傷者が不名誉の不具者となる」。	6・26
⑦	本郷辨吉	憲兵曹長	貫通銃創（左大腿骨から臀部）	安州城	早川市長の世話で市役所に勤務。	「不具者に生活の道即ちパンを与へる方法を講じて貰ひたい」。	7・3
⑧	高野万助	特務曹長	銃創・凍傷（右足切断、左手屈伸不可）	奉天会戦	「先づ当分は如何にかして暮らして行くことも出来」る。妻が世話をしている。	日清戦争に従軍後は第二高等学校に勤務。再び応召され日露戦争に出征。	6・29

⑨	馬場	少尉	砲創（左手首以下切断）	二〇三高地	義手を着用のうえ旭川連隊にて勤務。		7・4
⑩	大森	一等卒	銃創（右足不随）	沙河会戦	「家業に手伝ひいたすことも出来ず赤貧の家計を見す〳〵徒食して兄の厄介になつてるのは全く忍び難い」。	家業は紙漉業。「どうか一日も早く恩給の御沙汰でもと其のみを便りにして居ります」。	7・7
⑪	山岸	一等卒	不明（右肩負傷）	高台嶺	「右腕が自由に動かされず本業も今後到底見込みもなく」、「自分の足の続く限りは働いて手助けをして居るもの、これとても自分一人の生活費にすら足らず」。	本業は木羽屋。	7・8
⑫	里見	曹長	銃創（左大腿骨骨折・右大腿擦過、歩行困難）	沙河会戦	「学力も十分」のため台湾の「某官衙」に勤務。	予備役兵として出征。	7・10
⑬	笹川	二等卒	銃創（右肩不自由）	高台嶺	右肩の銃創は快復したものの、右手は後ろに伸ばせない。取材時は「若柳地方に土木上〔場〕取り調べのため出張」。	補充兵として歩兵第四連隊に所属し、出征。	7・10
⑭	高橋信二	不明	不明（右手の指二本を失う）	不明	取材時は「清国に在りて雑貨店を開き大いに活動」。	後備兵として歩兵第四連隊に所属し、出征。	7・10
⑮	川崎	一等卒	疾病	不明	病み上がりで労働も十分にできないため、「食料は愚か小遣銭にも窮している」。退院後も帰る家がないため、菓子屋の食客となっている。	七五歳の父親は市内を回り鋏剃刀砥ぎをして「露命を繋」いでいる状態であり、収入は「三度の食事にも足らぬくらい」。「御下賜の御沙汰のみを待つている」。	7・11
⑯	千葉	一等卒	銃創（左腕関節部骨折）	沙河会戦	左腕を強く動かすことはできないが、歩行はできるため家業の手伝いをしている。	予備役兵として出征。家業は葬儀屋。	7・12
⑰	沼田	二等卒	銃創（頭部負傷のため頭痛）	遼陽会戦	雨が降ると頭痛がひどい。運動のために連隊の用達をつとめている。	実家は湯屋。	7・12
⑱	齋藤亮	不明	不明（左肩負傷）	不明	左肩は快復し、営口の鉄道局に勤務。	第二九連隊〔歩兵か〕所属。	7・12

	氏名	階級	傷病の程度	負傷場所	現在の職業・経済状態、傷病の状態	その他（要望、現在の心境、出征した時の状況、家業などについて）	記事掲載日付
⑲	宗片	一等卒	不明（左指負傷）	不明	斧や鉞を使うのに「格別の支障を覚えず一心に生業に働いて」いる。	木炭鑿掘を仕事としていた。	7・14
⑳	佐藤正吉	〔兵卒カ〕	不明（右肩負傷）	沙河会戦	右手を十分に伸ばすことができない。埋木細工を仕事としているが、片腕が不自由なことと梅雨時の痛みにより当分は思い通りに働けない。「御賜金や手職で生計を立て、行く事が出来ると思はれます」。	現役中に出征。	7・14
㉑	佐藤寅之助	〔兵卒カ〕	不明（左肩と右肩を負傷）	遼陽会戦	左肩は十分に動かず、右肩から関節まで不自由で梅雨時は痛みが激しい。自身は魚の行商を行い、母親や妻は内職で家計を支えている。	恩給支給後は裏長屋から移り、店を開きたい。	7・17
㉒	樋渡誠	不明	貫通銃創（胸部）、左手不自由	紅土嶺	左手指は触れるだけで痛みがひどく、東京にて治療中。	兄は眼科医。	7・17
㉓	嵯峨	一等卒	銃創（左足不随）	不明	歩行が少々困難。商店に勤めている。	一九〇三年帰休除隊、その後召集される。出征前から商店に奉公していた。	7・21
㉔	清野辰彌	一等卒	疾病（脚気）	不明	療養中。「定まりたる職業とてもなくて暮して居る」。		7・21
㉕	佐藤	一等卒	不明（下肢負傷）	沙河会戦	「働くにも左程苦しくはない」。指物を仕事にしている。	実家は豆腐屋。補充兵として歩兵第四連隊に所属し、出征。	7・21
㉖	樋口文吾	軍医	貫通銃創（鼻側から脊柱まで）	不明	経過良好。東京にて医学の研究に励む。		7・22
㉗	佐藤	憲兵上等兵	疾病	金州	宮城大林区署に勤務。		7・22
㉘	久保田	一等卒	疾病（左目失明）	弘前	靴の修理を仕事とするも「十分な働きとても出来ず」、仕事も少ない。	予備役兵として歩兵第四連隊に属し、樺太守備隊に加えられて移動の途中の弘前で発病。	7・22

㉙	佐藤正治	不明	疾病（胃を患う）	不明	未だ全快しないものの第一中学校に勤務中。	予備役兵として歩兵第四連隊に所属し、出征。	7・30
㉚	佐藤昌右衛門	不明	不明（右足負傷）	沙河会戦	歩行困難。	予備役兵として出征。	7・30
㉛	松岡	上等兵	疾病	不明	発病後、内地送還。退院し、帰郷後に病気が再発し、死亡。	瓦焼きを家業としている。財産は中程度。	7・30

出所　『河北新報』一九〇六年六月一八日～七月三〇日。
注　〔　〕は引用者による。

まず、将校クラスについて見てみよう。表⑨の二〇三高地で全身に爆裂弾を浴びた少尉は、野戦病院に収容されたのち、東京赤十字病院に還送され、八カ月の長期治療を行った。治療の効果もあって足の傷は回復したものの、左手は手首以下を切断せねばならなかったという。だが、左手首以下の切断後も義手を着用して軍務についており、帰還後は旭川連隊に勤務している[11]。

将校クラスのなかで著名な癈兵としては、『肉弾』の作者である桜井忠温《さくらいただよし》（受傷当時は歩兵中尉）や戦後に日本傷痍軍人会会長を務めた蒲穆《かばあつし》（同騎兵中尉）があげられる。桜井の場合は、二〇三高地の戦闘で負傷し、右手と右足に後遺症を負っている。一度は退役し、画家を目指そうとしたものの、陸軍上層部に請われて軍務に復帰し、陸軍省新聞班長などを務め、陸軍少将にまで進級している[12]。蒲も同じく二〇三高地の戦闘で左足切断という重傷を負いながら軍務に復帰し、参謀本部・陸軍省勤務などを経て陸軍中将まで昇進した後、アジア太平洋戦争中は大日本傷痍軍人会副会長を務めるなど軍人として終始重要な役職に就いている[13]。負傷した部位と程度にもよるが、将校以上には軍に残留する道が残されていたようである[14]。

つぎに下士官クラスの事例をみてよう。表⑥の沙河《しゃか》会戦の本渓湖の戦いで脛部に貫通銃創を負った特務曹長は、他の負傷者とともに一夜放置され、戦闘の翌日にようやく野戦病院に収容された。そこで即座に右脛部以下の切断手術が行われた。右足を失って帰還した特務曹長は、杖をつきながら歩行し、鉱山監督署に勤務しているという[15]。また、⑦の安州城の包囲戦で左大腿部に貫通銃創を受けて癈兵となった憲兵曹長は、市長の世話で市役所に勤務しているという[16]。⑫の沙河会戦で左大腿骨を骨折した曹長も、歩行困難ではあるものの「学力も十分」のため、「台湾の某官衙」に勤務していると記事は伝えている[17]。

傷病の程度にもよるが、一定の学力をもつ下士官の場合は、癈兵となった後も新たな職を得る可能性に比較的恵まれていたようである。しかしながら、遠藤芳信が指摘するように、一九〇〇年前後の一般の下士官の学力は高等小学校卒業未満の水準にとどまっており[18]、再就職できたのはごく一部の限られた層であることに注意しなければならない。

さらに、多くが尋常小学校卒業以下の学力水準である兵士クラスが復職するのは非常に困難であった。④の二〇三高地で左目を失った元二等卒は、帰還後に農業に復帰している。だが、義眼を装着しての農作業は「二人の仕事を一人でするやうなもの」で疲労が激しく、薬を用いた治療が欠かせないという[19]。補充兵として召集され、高台嶺で左肩から腹部・左足にかけて貫通銃創を受けた⑤の癈兵は、半身不随となったため大工業に復帰できず、やむなく煙草の行商を営んでいる。しかし、その収入は食費代にもならないうえ、雨の日は傷の痛みが激しく仕事を休むしかないという。この癈兵の母親は記者に対して、「家族が多勢の割には働くものが少ないので暮し向きは常に思ふようには行きかねます」と語っている[20]。⑩の沙河会戦で右足に銃弾を受けた元一等卒[21]と⑪の高台嶺の戦いで右肩を負傷した元一等卒[22]は、家業や本業を手伝うことができないため家計の圧迫につながっていることを嘆いている。また、㉘の疾病で左目を失明した元一等卒は、靴修理の仕事に支障が出て仕事がこなくなり「徒食」せざるをえなくなっているという。記者に対して彼は「今ま《ママ》急には適当な仕事もなく此末如何して此身を処置しようかと旦暮《あけくれ》（ママ）心配せずには居られません」と語っている。[23]

以上の記事からは、農作業などの力仕事や器用な手先の動きを必要とする仕事を続けることは非常に困難であったことが読み取れる。彼らの多くは俸給職に就くための学力を身につける機会に恵まれず、帰還後も農業や煙草行商などの雑業に従事せねばならなかった。だが、不自由な身体をおしての就労では、十分な収入を得ることはできない。福島県の癈兵の生活実態を分析した山田明の研究によると、とくに一時金しか支給されなかった場合は、労働能力が受傷・発症前まで回復されない限り、貧困層に落層せざるを得ないという。[24]

士官に厚く下士官・兵士に薄い恩給の支給金額の格差、さらに社会階層上の格差が癈兵の上に横たわっていた。一部の職業軍人や一定の学力を有していた限られた人々が比較的生活を維持することが可能であった一方で、零細な農民や雑業に携わる者はさらに下層に転落していくという社会構造になっており、その構造のうえに癈兵は立たされていたのである。

また、困窮した生活と無理な労働は、傷病に苛まれる癈兵の健康状態にも影響を与えたようである。軍事援護事業団体である帝国軍人後援会（以下、軍人後援会と略）の機関誌『後援』に掲載された「癈兵の死亡率と時期」という記事では、癈兵の死亡率の高さについてふれている。

記事によると、一九二〇年一〇月時点の国勢調査では、日本の男子人口の総数は三一五〇万九九七八人、一九二〇年度の男子死亡者数は七三万三七一五人、死亡率は一〇〇〇分の「一八・六弱」とされている。[25]それに対して、一九二〇年九月の陸海軍省調査によると、癈兵に支給される増加恩給の受給者総数は陸海軍合計で一万八七九九人、一九二二年三月恩給局調査によると同数は一万人であり、一八カ月の間に三二六〇人の減少が確認される。

増加恩給の支給が停止されるのは、受給者本人の死亡、日本国籍の喪失、禁錮以上の刑に処せられた時のいずれかの場合である。よって、増加恩給受給者数の減少の最も大きな理由は、受給者本人の死亡と考えられる。そこで、一八カ月の間に減少した三二六〇人の減少を死亡者数とみなして死亡率を算出すると、一〇〇〇分の「一七六」という一般の死亡率に比して「驚くべき数に上つて居る」と記事は述べている。

死亡者数の不正確さを考慮にいれても、癈兵の死亡率の高さは記事の指摘する通り非常に高率である。その原因について、記事では「父母より受けた自然の健康を、人為的の〔ママ〕損傷した事とか〔ママ〕並にその不完全な身体には特別の栄養を要するにそれの出来ぬ事情の内部に伏在することを大凡そに推察することが出来ます」との分析がなされている。(26) 受傷・発症後の貧しい生活と無理な労働が、戦争で受けた傷病の悪化に拍車をかけていたのである。

(3)「癈兵」の自己認識

また、『河北新報』が取材した癈兵のなかからは、国家や社会の関心の低下を批判する声もあったことに着目したい。表1－4の⑥元特務曹長の八丁目直久は取材に来た記者に以下のように語っている。

> 兎角日本人は熱し易く冷め易いです戦争当時は名誉の戦死な〔ど〕とか負傷とか声を高くして騒ぎましたが平和克服以後只今の状態では全く燈火の消えた様です勿論人の心は終始熱して許りは居られませんがあまり冷え方が烈しいではなからうか此様子では数年の後に全く名誉の負傷者が不名誉の不具者となる許りだ(27)

癈兵と戦死者に対する急激な関心の低下を日露戦争直後から彼らは肌身で感じていた。

その一方で、兵役義務を果たし、戦争で傷痍疾病を負った「軍人」であることに癈兵は誇りを感じていた。一九一二年に新潟県中頸城郡春日村の塚田原作らが増加恩給の増額などを請願した際には、「物価騰貴シ父母妻子ヲ養フコトヲ得ス軍人ノ体面ヲ保チ得サル」とその請願理由が述べられている。[28] 戦争で傷痍疾病を負って兵役免除となりながらも、癈兵の自己認識は、あくまで軍人であったのである。その認識の根幹にあったのは、傷や病を負いながらも、過酷な戦場で戦い抜いた戦争体験であり、それを誇る自負心であった。

さらに、この癈兵の自己認識と自負心は、癈兵と遺家族の「優遇」を当然視する方向へとも向かっている。一九一六年に東京府北豊島郡巣鴨町の野村信成らによって出された同様の請願では、「死亡癈兵ハ靖国神社ニ合祀セラレ」、「衆議院議員選挙権ヲ付与シ」、「生活ヲ容易ナラシムル為適当ノ方法ヲ講究セラレ以テ癈兵傷病兵及其ノ遺族ヲ優遇セラレタシ」などの要求も出されている。[29] 兵役義務を果たし、なおかつ国家の遂行した戦争で傷痍疾病を負った軍人であることを誇る彼らにとって、参政権と生活保障は、癈兵が当然受けるべき「優遇」として映っていたのであった。

このように、国家や社会の関心が低下の一途をたどる一方で、癈兵は兵役義務を果たし、過酷な戦争体験をくぐりぬけてきた軍人であるという自己認識を抱いていた。そして、その強い自己認識は、兵役義務履行者や貧困者、一般の障がい者と癈兵を峻別し、参政権や生活保障といった「優遇」を当然視する「特権意識」となって癈兵のなかで芽生えつつあったのである。

二　「特権意識」と「棄民意識」

(1)「癈兵」団体の結成

第一次世界大戦を契機とする物価高は、恩給以外に所得を得る途のない恩給受給者の生活に大きな影響をもたらした。

その後、一九二〇年「恩給扶助料等ノ増額ニ関スル法律」(法律第一〇号)、二二年「増加恩給等ノ増額ニ関スル法律」(法律第一八号)によって、それぞれ最低額(海軍五等卒)が免除恩給年額九六円、増加恩給(乙号第六項症)年額六四円に増額された(30)。表1-1、1-2、1-3でみた一九一六年時点の最低額である免除恩給年額四八円、増加恩給(乙号第六症)年額一二円と比較すれば、免除恩給は二倍、増加恩給は約五・四倍になっている。しかし、この間の物価は二倍に跳ね上がっており、特に米価はシベリア出兵の影響も相まって急騰していた。そのため、兵・下士官のみならず、停年退職した将校も生活の維持がままならない事態に追い込まれていた。くわえて、二二年の法律第一八号による増加恩給の増額は一時的な措置であったため、根本的な問題解決にはならなかった。

そのなかで、一九一九年春には恩給増額と待遇の改善を目指し、癈兵とその遺族の全国団体である残桜会が結成された(31)。一九二〇年一二月一四日には、残桜会理事である退役陸軍歩兵中佐の田邊元二郎と退役陸軍歩兵少佐の中村中郎が都下の新聞記者を陸軍将校の集会場である偕行社に招き、恩給扶助料の増額や軍事救護法改正の運動を行う旨を会見して発表した(32)。

癈兵を主体とした団体の設立を望む声は、日露戦争直後からあがっていた。表1-4の①元特務曹長の西乙治は、「僻村の村落に居る者は実に気の毒ですその中にはかつ〳〵暮して居るものもありませうからして我等癈兵のためには一つの会の様なものを組織したら頗る好都合だと思ひます世には軍人救護会とか在郷軍人団とか申す組織は有りますがまさか此等に加入する事も出来ず此の後は何を頼みに暮しませう」と嘆じている。[33] 一九一〇年には田中義一の主導によって、各地の在郷軍人団体を陸軍省の指導・監督のもとに一元化した帝国在郷軍人会（以下、「在郷軍人会」と略する）が組織された。だが、兵役免除となり、軍籍を失った癈兵は規約上では在郷軍人会の正会員になることはできなかった。[34] どこにも行き場のなかった彼らにとって癈兵を主体とした団体の設立は、長年抱いていた願望であった。

残桜会の設立趣意書には、「欧州大戦ノ影響スル所各国皆物価ノ騰貴ヲ来タシ殆ンド薪桂米玉《しんけいべいぎょく》ノ観アリ〔中略〕我曹癈兵ノ境遇ハ真ニ酸鼻ニ堪ヘサルモノアリ」、「互ニ相助ケ一日モ早ク現時ノ境遇ヨリ脱出シ縦令身ハ隊伍ニ列スルコトナキモ一意専心常ニ聖諭ヲ奉体シ堅ク帝国軍人ノ本分ヲ守ラシメントス」とあり、団体結成の背景には、第一次世界大戦以降の薪や米が桂や宝玉ほどの価値となるような物価高による癈兵とその遺族の困窮があった。[35]

また、残桜会が賛同を求めて有力者に宛てた書簡では、「報効会軍人援護会の発表せられたる今日拙生等か尚残桜会の趣意計画を提唱致候理由」として、「残桜会の目的は狭き範囲に於て癈兵と其遺族の自治機関たるに在り」、「慈善は目的に於て崇高なるも方法に於て之を受くる階級の実際生活に適切ならざるときは目的の大半を没了するの感あり此意味に於て癈兵の心裏情態に比較的最も深き理解を有する者又同一境遇に在る癈兵に如く者なきを信するに依る」と会設立の意義が述べられている。[36] 文中の「報効会軍人援護会」とは、軍人後援会などの半官半民の軍事援護事業団体を指していると考えられる。

既存の援護事業団体が存在するにもかかわらず、あえて残桜会を組織した理由として、彼らは癈兵とその遺族による「自治機関」、つまりは当事者団体であることを挙げている。さらには、遠回しながらも「慈善」に基づく援護事業の「拒否」をしていることも着目される。これらのことから、癈兵団体結成の一因には、既存の援護事業団体に対する批判が存在していたとみられる。

では、その運営はどのようにしてなされていたのだろうか。残桜会の役員構成をみてみると、理事に名を連ねているのは、理事長に退役陸軍歩兵中佐の田邊元二郎[37]、理事には退役陸軍砲兵中佐の山岡熊治、退役陸軍騎兵中佐の国光侃、退役陸軍歩兵少佐の中村中郎、退役陸軍砲兵大尉の南部健（ほかに肩書不明の二名）という七名中五名が軍を退役した将校クラスである。評議員には元海軍一等機関兵の谷田志摩生ら二二名が就任している[38]。会の主導権を握っていたのは将校クラスであり、軍隊内の階級が会の運営にも影響を与えていたことがうかがえる。

なお、癈兵を主体とした他の全国団体としては、残桜会の評議員でもある谷田志摩生が世話人を務める全国癈兵団が組織されている[39]。同時期には大阪（一九一七年、大阪癈兵協会[40]）、函館（設立時期不明、函館傷痍軍人会[41]）、高知（一九二一年、土佐残桜会[42]）、山形（一九二二年、会名不詳[43]）など各地で癈兵団体が結成されている。なかでも、山形の癈兵団体は谷田志摩生の来県を機に結成されている。『日本社会事業　大正一二年版』においても、谷田志摩生を世話人とする全国癈兵団の運動が「最も花々しく行はれた」と評されており[44]、谷田は運動を牽引した人物の一人であったと考えられる。

なお、同時期には残桜会以外の一般の将校のあいだからも、恩給増額を求める声が公然とあがっていたことに注目する必要がある。予備役・後備役の海軍将校の団体である有終会の機関誌『有終』第一一三号では、軍人恩給法改正の特集を組み、現役将校が恩給増額について論じている。

たとえば、軍艦浅間の副長として日露戦争を戦った依田光二海軍少将は、「私は現在の軍人恩給法に適当なる改正を加へずして、其の侭今日の如く軍人を虐待するが如き悲惨の状況に放置することは、国家の最大憂患を惹起するものと思考せらる丶」、「以前の家長は家長、昔時の艦長は艦長にして、其の情誼は何れの時にも絶ゆることはないではありませんか」として、軍人恩給法の改正のために「行動を開始」することを宣言している。さらには、「武士は食はねど高楊枝と云ふ如き古き徳川式の武士道？　には同意が出来なくなりました」、「何故に食へないのに食へる様に要求しないか。腹がへつてもひもじくないとは、一種の痩我慢たると同時に虚偽である。而してそれが君国に対して何の功がある？　嗚呼阿呆も亦た甚だしい哉と言ひたくなる」と述べ、行動を起こさない軍人を批判している(45)。

実際に、依田が幹事長を務める有終会では、中将・大将を動員して恩給増額問題にあたったようである。新聞報道では、「運動の矢面には中将級以下の会員全部これに当り」、吉松茂太郎海軍大将・有終会会長はじめ大将クラスは首相や陸海軍大臣への交渉など裏役に回る手はずであると報じられている。中将・大将を動員しての運動は、依田が「在郷将校の今日の窮状及び癈兵や遺族の悲惨な有様は実際想像以上である自分たちの事は第二として国家が是等下級の恩給生活者や癈兵遺族を此侭に等閑に付して置くと云ふ事は甚だ憂慮すべき結果を召致しはせまいかと云ふのが自分共の運動を起す動機である、軍人志願者が次第に減って来る為に其質が低下して来る」と語るように、軍の質の低下という危機感から発せられていた(46)。

また、陸軍では、渡邊祺十郎陸軍少将が「増加恩給は現今の物価を考慮し、生活を保証するに足る者《ママ》を以て其最低額を定むる標準としなければならぬ」として、恩給の増額を訴え、行動を起こしている(47)。渡邊は、将官・佐官クラスを結集して軍人恩給研究会を結成し、一九二三年一月二五日、三月二日に中央仏教会館で全国軍人恩給受領者大会を一〇〇〇人規模で開催し、貴衆両院に働きかけを行った[48]。

将校による恩給増額運動は、癈兵と戦死者遺族の窮状を放置することが「士気」の低下と軍の質の低下につながりかねないという危機感を抱いた将校クラスが起こしたものであった。そして、すでに指摘されているように、この運動は政治参加に距離を置いてきた従来の軍人の姿勢を転換させる契機となった[49]。

(2) 各地団体の組織構成

それでは、ここで各地の癈兵団体の組織構成もみてみよう。とりあげるのは、規約が残されている土佐残桜会と部分的に活動資料が残っている函館傷痍軍人会である。土佐残桜会の場合、会員は正会員・準会員・賛助会員・特別会員・名誉会員から構成されている。規約では、正会員は増加恩給受給者、準会員は正会員の遺族・賑恤金（軽症者に支給される一時金）受給者とその遺族・在郷癈兵（郷里において予備役・後備役の間に怪我や疾病により兵役免除となった者）、その他の会員は会に対して特別な功績がある者・所定の出資をした者とされている[50]。なお、函館傷痍軍人会の場合は正会員に賑恤金受給者も含んでおり[51]、団体によって差異が見受けられる。

つぎに会員数についてであるが、唯一会員数が判明している函館傷痍軍人会についてふれておくと、函館傷痍軍人会は一九三二年一〇月一九日付の函館市役所による傷痍軍人会実態調査に対して、設立当初の会員数を一六名、一九三二年時点での会員数を一七名と回答している。会の資産も会費と寄付金が主で、市町村役場からの補助金は受けていない。また、事務所も会員宅を交互に使用している[52]。癈兵同士の私的なつながりから出発した比較的小規模の組織であるといえるだろう。

小規模の癈兵団体の基盤や活動は、町村役場をはじめとした行政機関や地域社会の有力者の援助によって支えられていた。たとえば、土佐残桜会では、顧問に在郷軍人会高知市連合分会長、「賛成《マ》者《マ》」に高知県知事・内務部長・在郷軍人会連合分会長などが名を連ねていた[53]。

函館傷痍軍人会の場合も、行政機関や地域社会の有力者とのつながりを求めて積極的な働きかけを行っている。函館傷痍軍人会は会員の一人が市議会議員である中村諭二郎と親交があったため、中村に連隊区司令長官と在郷軍人会分会長への紹介を依頼している。中村からの紹介状をもとに、函館傷痍軍人会では函館市在郷軍人会連合分会長の桜井利吉と函館市兵事課主任の高橋文輔に面会し、会の趣旨に「賛意」を得ている。特に兵事課主任への接近は、行政機関との直接的な窓口を確保するうえでも重要であった。面会直後の一九二二年一一月二五日には、会員が市役所を訪問し、会員勧誘のために癈兵名簿を閲覧させてもらうという便宜をはかってもらっている[54]。ほかにも、支庁長・裁判所長・検事正・砲兵大隊長・衛戍病院長・運輸庶務所長・函館警察署長・税関長などを訪問して「賛助」を受けている[55]。

癈兵団体は半官半民団体である在郷軍人会と異なり、会員獲得をするためにも、活動資金を得るためにも、行政機関や地域社会の有力者に積極的に接近し、援助を求めなければならなかった。

こうして、各地で発生した癈兵団体は全国団体である残桜会や全国癈兵団と連帯しながら、待遇改善運動に参加するようになるのである。

(3) 待遇改善運動の展開

では、癈兵団体は具体的にどのような活動を行っていたのだろうか。残桜会の活動からみていこう。残桜会は一九二一年一二月に東京築地本願寺で大会を開催している。そこでは、癈兵の増加恩給の増額、遺族（癈兵遺族も含む）の扶助料の増額、国有鉄道・汽船の無賃乗車許可、癈兵・遺族の子弟の官公立学校授業料免除、癈兵・遺族への職業教育の実施と雇用法の創設、軍人傷痍記章を国定教科書に掲載すること、戦死者遺族のための記章を制定することの七項目を決議し、第四五回帝国議会に請願した(56)。決議された項目のうち、官公立学校の授業料免除は、当時の中等学校への進学率から考えても、残桜会の主導権を握っていた将校クラス層の要求を反映させたものであると考えられる。

さらに翌二二年一〇月一五日には芝公園芝中学校講堂で「生活権要求」を掲げた臨時大会を開催し、宣言文と決議を可決した。可決された決議では「増加恩給は年額三百六十円を最低」と二九六円増額が求められた。翌一六日には選出された四名の実行委員が決議文を持って首相・陸軍省・大蔵省を訪問する予定だという。報道によると、この大会には六〇〇余名が集まったとされている(57)。

一方、谷田志摩生が率いる全国癈兵団は、一九二二年二月一〇日に東京大手町に集合し、陸軍省を訪れ、恩給増額を訴えている(58)。つづいて同年三月一五日には、世話人である谷田や元陸軍一等兵卒の矢崎栄吉ら代表約二〇〇名が神田区役所前松本亭で集会を行った。その様子は、『報知新聞』につぎのように報じられている。

元陸軍歩兵一等卒の矢崎栄吉氏が一本だけの腕を振つて開会の挨拶を述べ「月々受ける十円の恩給でどうして一家を支へられるか」と叫び次で元海軍一等機関兵の谷田志摩生氏が癈兵恩給増額陳情世話人として先月十七日に大蔵次官と面会したところが次官は請願の筋が達するやう取計らは〔お〕うと言明しながら既に月余におよんでも何等の反響がなく明年度の予算にも組込まぬとは不都合な仕打ちであると喝破し更に聞く処によれば高橋首相が在所で我々の運動を一部不平の癈兵が企てたに過《すぎ》ぬと洩らしたさうであるが事実は一部

でなく全国的のもので各府県からも代表者が集合する事になつて居る首相の軽々しい言動は挙《こぞ》つてこれを責ねばならぬと絶叫〔中略〕十一時散会したが夫より一同は靖国神社に参拝すべく会場を出やうとすると制服の警官はこれを阻止しやうとして鳥渡揉着《ちょっともんちゃく》があつたが谷田氏等は不法な官憲の圧迫は意とするに足らぬ若し一人でも同志の中から検束者を出せば我々は共同責任を以て善後策を講じやうと申合せ官憲の制止に応ずる模様もなかつたが警官は更に圧迫甚だしく其数を増して酷しく看視したところから三々五々となつて陸軍省に向かつたが一同は更に海軍省をも訪ね首相にも会見する筈で若し首相が逢はねば其侭には帰らぬと意気込んで居る(59)

集会が警察官に監視されていたこと、さらには集会後に靖国神社を集団で参拝しようとする癈兵団と警察官が悶着を起こすという事態もみられている。しかも、癈兵側は警察との衝突を厭わないほどの勢いであった。

その後、癈兵の一団は三々五々になりながら陸軍省に向かい、増加恩給の最低額を三六〇円とすること、戦傷・公傷の区別撤廃（増加恩給は戦闘による傷痍（戦傷）とそれ以外の公務による傷痍（公傷）に区別され、支給金額に差が存在した）などを求めた要望書と鉄道・汽船の無賃乗車の許可、煙草小売業及切手印紙の特別販売権（行商含む）の付与の二項を嘆願書として尾野実信陸軍次官に提出した(60)。

全国癈兵団が増加恩給の最低額を年額三六〇円としている点は残桜会と一致しており、連携した形跡がみられる。また、全国癈兵団の特徴として、下士官・兵士クラスの生活手段を講じるために、煙草・切手・印紙などの特別販売権を要求している点が注目される。さらに、世話人である谷田志摩生が作成した「私案増加恩給法」では、「増加恩給は理想としては大将も兵卒も同額たらしむるべき性質のもの」として(61)、軍隊内階級による支給金額の格差を現行法よりも縮小している点が特徴的である。このように、全国癈兵団の要求項目には下士官や兵士クラスの要求を反映したと思われる項目が含まれている。癈兵による運動は将校を中心とした残桜会と下士官・兵士クラスの全国癈兵団の二つが、ある程度の棲み分けを行いながら、増加恩給の最低額などの点で連携して活動を行っていたと考えられる。

軍隊内階級や社会生活上の格差が存在しながらも、将校と下士官・兵士が共通目標を掲げて運動を起こすことを可能にした要因は、生活の困窮という大前提のほかに、以下の二つの理由が考えられる。

一つは、先述した軍人としての自己認識と「優遇」を当然視する「特権意識」を共有していたという点である。全国癈兵団が作成した要望書である「吾人癈兵の主張」では、「避け得られざる国家最高の義務を奉仕したる結果不具癈疾となりし吾曹軍人と、自己の職業上重大なる災厄の為め同じく不具癈疾となりし官吏の増加恩給及巡査看守の増加退隠料の如きは其結果は同様なるも出発点に非常の相違あるを以て吾等軍人と多少の差額あるも当然ならんかと思料す」として、増加恩給に格差を設けるのは当然であると主張している[62]。軍人としての強い自己認識を抱く癈兵は、その他の理由で障がい者となった軍人以外の官吏との格差を当然のものと認識しているのである。こうして、国家最高の兵役義務を果たし、なおかつ国家の遂行した戦争により障がい者となった軍人であることを誇る癈兵は、「優遇」と格差を当然視する「特権意識」を運動のなかで身につけていったのである。

さらに、その「特権意識」は現在の置かれた状況との落差から、濃淡の差はあれ一定の不満を癈兵に抱かせることになっている。これが二点目である。一九二二年一〇月一五日の残桜会の大会では、宣言文で「国家の危急存亡に際し努力奮闘したる犠牲者に対し斯くの如き侮辱的礼遇を為すは国家としての義務を怠り従つて其影響する所一般国民に兵役忌避の宣伝を為すものなり」と国家の責任を厳しく批判し、待遇改善を訴えている[63]。下士官・兵士が多数集っていると考えられる全国廃兵団の場合は、さらに強い不満が噴出している。先述したように一九二二年三月一五日の集会では、参加者から「畢竟政府は我々を戦塵の中に送つて不具者とし早く死ねと仕向けるやうなものである」という声があがっている。[64]「優遇」を当然視する廃兵は、それに見合った待遇を受けられなかったことによって不満を募らせ、さらにその不満は、払った犠牲と自らの戦争体験の意味を国家に顧みられず、見捨てられたという強烈な「棄民意識」にまで高まっていた。いわば、「特権意識」と「棄民意識」は表裏の関係にあったのである。

そして、増加恩給の増額を盛り込んだ法案提出が予定されている第四六回帝国議会（一九二二年一二月二七日〜二三年三月二七日）の直前に、内閣恩給局から「最小限度」の概算書を計上した約三千万円が予算閣議で三六四万円まで削減されたことが報じられると、「憤慨」した各団体は一月の議会明けから「大示威行動」を計画し、[65]運動はますますの高揚期を迎えた。

一九二三年二月一〇日に東京神田の仏教会館で開催された全国廃兵連合大会には、北海道から九州まで約八〇〇人が集合したと報じられている。[66]参加者のなかには、西南戦争の廃兵も含まれていた。会場には「当局道を過つて陛下の聡明を掩ふ」という大書が満員の前に示され、廃兵が「気勢を揚げた」。[67]つづいて、廃兵約七五〇名が会場からそのまま貴族院に押しかけ、代表谷田志摩生・矢崎栄吉ら四名が白川義則陸軍次官と井出謙治海軍次官に詰め寄り、「必ず吾々は諸君のために努力し、或程度まで諸君の期待に沿ふことが出来るたらうといふことを言明します今衆議院に出てゐる恩給法案は決して確定的のものではないからどうか自棄を起こさないで頂きたい」と、恩給の増額実現のために努力することを「約束」させている。しかし、詰めかけた参加者のなかからは、「総理大臣でなきゃ駄目だ、次官の言質を取ったつて何になる」と痛烈な批判も飛んでおり、勢いは増すばかりであった。[68]

以上のように、癈兵による運動は、癈兵の軍人としての自己認識の強さが現状との落差を前にして「棄民意識」を抱かせ、自己認識と「棄民意識」が両輪となって運動をさらに高揚させていくという構図になっていた。

一方、政府や軍も癈兵の突き上げを受けて対応を迫られていた。政府、なかでも軍は第一次世界大戦後の軍縮を求める世論の高まりやシベリア戦争の失敗により威信を低下させていたなかでの事態だけに、癈兵による運動は衝撃をもって受け止められた。[69]

表1－5　陸軍二等卒の恩給最低額比較

（単位：円）

	免除恩給（普通恩給）	増加恩給（甲号）
軍人恩給法（1890年）	36	9
軍人恩給法（1916年）	54	14（20）
軍人恩給法（1922年）	108	68（78）
恩給法　　　（1923年）	150	240（300）

出所：1890年は軍人恩給法（法律第45号）。1916年は1906年軍人恩給法中改正（法律第20号）、1911年軍人恩給法中改正（法律第59号）による。1922年は1920年恩給扶助料の増額に関する法律（法律第10号）、22年増加恩給等の増額に関する法律（法律第18号）による。23年は恩給法（法律第48号）。

注：1）1890年の免除恩給・増加恩給の金額は陸軍卒（海軍三等卒）による。

2）増加恩給の（　）内は戦闘による傷痍（甲号）の金額を示している。

衆議院議員で陸軍中将の仙波太郎は、「過般癈兵の一団が大蔵大臣及二三の貴族院議員に請願されたとの事であるが是は決して一少些事と看過すべき筋合いのものではない」、「一般国民をして犠牲的精神を以て国家社会に奉仕せしめんとするの念を生せしめんには何しても之が改善を行はねばならぬ」と運動の盛り上がりを重視し[70]、待遇改善の必要性を主張している。また、山梨半造陸相と白川陸軍次官も「例ひ無理をしても彼れ等の要求に色をつけなければならぬ」と述べ、恩給局や関係各省に働きかけている。[71]有終会の将校クラスによる恩給増額運動も、こうした動きを後押ししたと思われる。

また、運動の盛り上がりの裏で、政府や軍にとって癈兵は監視の対象でもあった。全国癈兵団の集会が警察の監視下に置かれていたことについては先述したとおりだが、その他にも谷田志摩生の動向などが「内偵」の対象とされ、関係各大臣に報告があげられている[72]。政府や軍を動かす一方、政府や軍への批判に及んでいた廢兵の運動は、軍の威信や徴兵制度を揺るがしかねないものとして危険視されていたのである。

結果として廢兵による運動は功を奏し、一九二三年四月一四日に公布された恩給法では大幅な増額がなされた。陸軍二等卒（海軍五等卒の階等は恩給法では消失）の受給する恩給最低支給額（普通恩給は恩給発生下限の一一年、増加恩給は最軽症の第六項）を比較したのが表1－5である。この額は、残桜会・全国廢兵団が主張していた額には及ばなかったものの、一九一六年・二二年時点と比べても飛躍的な増額であった。

(4)　団体の対立と運動方針の変化

しかしながら、その一方で一九二三年三月頃から残桜会のなかでは亀裂が生じていた。運動の中心人物として谷田志摩生が存在感と影響力を増すなか、他の残桜会幹部からは谷田の「物質欲」、「売名的ノ傾向」を批判する声が起きていた[73]。一九二三年六月一七日の靖国神社能楽堂で開かれた残桜会の総会（図1－1）で、その亀裂は決定的となる。全国大会の席上で、谷田が恩給増額実現の「成功報酬」を廢兵から集めたとして残桜会常務理事の中村中郎が谷田を批判した。それに対し、谷田は中村を名誉棄損で訴え、裁判にまで発展する事態となった。法廷では、残桜会理事の田邊元二郎、同会評議員の矢崎栄吉が谷田を批判する証言を行い、谷田と他の残桜会幹部との間にも亀裂は広まっていった[74]。

中央の廢兵団体の混乱は、地方にも波及していた。地域の有志によって結成された函館傷痍軍人会も、恩給増額実現後には残桜会・全国廢兵団との結びつきを持ちはじめていた。一九二三年一二月一八日には、谷田志摩生から傷痍軍人会宛てに翌二四年二月九日に京都西本願寺で開催予定の全国廢兵大会への出席の誘いが届いており、

図１－１　残桜会総会の様子

出所：『東京朝日新聞』1923年６月18日付、夕刊。

傷痍軍人会では谷田を中心とする廢兵団体との関係をめぐって協議がもたれている[75]。函館傷痍軍人会では、一九二四年五月二七日の集会で「何レモ旨意〔趣意〕ニハ賛成ナルモ個人出資ハ不同意会費ヲ以テ出資ニハ異存ナキモ共存《マ》可不《マ》定〔「共存可能カ不確定」の意か〕ニ付内容充実追テ入会スル方向良カラントノ意思ニ一致」という結論を出している[76]。傷痍軍人会では、会の役員と谷田の「会見」を求めるなど中央の団体の趣意を見極めようとしており、残桜会・全国廢兵団の活動に出資をする一方で、個人での出資や会としての残桜会・全国廢兵団への加入には慎重な姿勢をみせている。

さらに、函館傷痍軍人会に谷田から全国廢兵大会への出席の勧誘がきたおよそ一月後の一九二四年一月七日には、函館警察署の高等刑事課の警官が傷痍軍人会を訪ねてきている。警官は会員らに全国廢兵大会への出席の意思を尋ね、「決定ノ前ニ知ラセ〔テ〕呉レ」と依頼をした[77]。地方でも、中央の廢兵団体の混乱を注視し、監視していたのである。

結果として、この一件で谷田は残桜会を除名され、「全国廢兵連合会」と「やしま会」という廢兵団体を新たに組織する。

全国廃兵連合会は、全国廃兵団を改称・改編したものであろう。そして、今度は谷田の指導する「やしま会」が東京憲兵隊本部に残桜会が関東大震災時に配給品を横領したと告発する。これは谷田らによる残桜会への「逆襲」であった(78)。さらに、一九二五年一月一六日には全国廃兵連合会の会員三〇名が残桜会主催の廃兵遺族連合大会で残桜会を批判するビラを散布して乱闘騒ぎを起こしており(79)、廃兵団体は分裂と混乱を極めた。

谷田と決別した後の残桜会は、恩給法の成立で「廃兵モ漸ク生活ノ安定ヲ得ル」と評価する一方で、「戦死者二等卒ノ遺族ニ対シテハ漸ク年額百五十円ヲ支給サル、ニ過キス斯クテハ其ノ差甚シ」とし、戦死者遺族、廃兵遺族の扶助料増額に焦点を移している(80)。だが、扶助料増額を目指す動きは盛り上がりをみせず、残桜会は世界中の廃兵を集めた廃兵大会を企画したり(81)、第三章でみるように、一九二五年四月から日清・日露戦争の戦跡を巡る旅行に出発したりするなど(82)、待遇改善運動から徐々に方向を転換しはじめていた。また、時期は不詳ながら残桜会は「帝国傷痍軍人会」と団体名を変更し、「傷痍軍人会」と名乗ることで将校団体としての性格を強めていったようである(83)。

一九二九年一一月に浜口雄幸内閣のもとで兵役義務者及廃兵待遇審議会（以下、審議会と略記）が設置された際には、早くも一一月三日に偕行社で帝国傷痍軍人会は全国役員会を開催し、待遇改善運動の進捗の兆しをみせた。役員会では、官公立学校の授業料免除、国有鉄道無賃乗車範囲の拡張と手続きの簡素化、煙草・印紙・切手小売営業の優先権の確立、子弟の幹部候補生納金免除、戦傷遺族の記章制定、国家儀礼および公式の会合への廃兵の参列、傷痍軍人記章の小学校教科書への掲載、陸海軍の公式行事への招待など一三項目におよぶ「廃兵優遇案」を決議し、翌四日に首相官邸や陸海軍、内務、大蔵、鉄道など各省庁と民政党本部を訪問し、陳情を行った(84)。要求内容には、煙草・印紙・切手小売営業の優先権の確立も盛り込まれており、下士官と兵クラスの要求も吸い上げようとしていることがみてとれる。だが、これ以降は中村中郎ら旧残桜会からの役員の一部が陳情を行ったものの[85]、かつてのように会員を動員しての盛り上がりをみせることはなく、再び運動は停滞に陥った。

一方、谷田志摩生が率いる帝国癈兵連合会（全国癈兵連合会を改称）は、会の名称として「癈兵」を冠し続け、下士官・兵士の団体としての性格をもっていた[86]。一九二四年には谷田志摩生編『受恩給者の友　附恩給法外関係法規書式一切』を全国癈兵連合会から出版している。この書籍では、恩給・扶助料・軍人傷痍記章・国費診療・癈兵院への入所など煩雑な各種手続きが詳しく解説されている。書籍の出版を通して、運動の成果を広く癈兵に知らせようとする意図が見受けられる。

さらに、谷田は運動を広げるため、衆議院議員選挙にも出馬しているようである。一九二八年二月、普通選挙法の下で初めて行われた選挙で谷田は出生地である三重県第一区から立候補している。谷田は「国民負担の公平」、「農村の振興」、「国民教育の機会均等」、「国費の徹底整理」、「交通政策の純利的制定」、「外交の刷新」、「国民の平和と福利の増進」という政権公約を掲げ、「絶対無産者の身方《ママ》」、「厳正中立」を標榜し、選挙戦に臨んだ。しかし、当選確実の見方が広がるなか突如として「暴力団詐欺団の頭目」、「癈兵の吸血鬼」などと谷田を中傷するはがきが選挙区の町村長、小学校長、在郷軍人分会、各候補者の選挙事務所などに送りつけられ、落選を喫したという[87]。中傷の内容から察するに、癈兵団体の対立が尾を引いて選挙妨害に至ったのであろう。

審議会の設置以降は、谷田ら帝国癈兵連合会は待遇改善運動に再び力をいれはじめた。一九二九年一二月一日・二日の両日には、宇治山田市で第四回総会を開催し、約三〇〇名の癈兵が詰めかけている。総会では、国有鉄道無賃乗車を一年間有効に改正すること、癈兵の遺族扶助料を戦死者遺族扶助料の八割とすること、煙草移動販売の許可、子弟の中学校の授業料免除、癈兵院法の改正、審議会に癈兵会から代表者を選出すること、「精神的優遇」を与えること、戦傷・公傷の差別を撤廃することの八つの事項が決議された。一二月四日には谷田と実行委員一五名が陸軍省を訪問し、決議事項の実現を陳情している[88]。

子弟の中学校授業料免除が項目に加わっており、残桜会の支持層を取り込もうとしていることがみてとれる。おそらく、帝国傷痍軍人会への対抗のために将校クラスへのアピールを狙ったのだろう。

しかしながら、一九三〇年一二月七日に出された審議会答申では、「恩給増額ニ関スル各種ノ請願ハ共ニ其ノ侭ヲ容認シ得サル」と扶助料の増額が棄却され、他の要求も中等学校の授業料免除、専売物の販売権優先の徹底など六項目が決議事項として盛り込まれているに過ぎなかった[89]。昭和恐慌が深刻化するなかで政府も強硬な姿勢をとっており、谷田らも運動方針の転換を余儀なくされたのである。新たな運動方針は「国家緊縮財政の現状よりして之れ以上恩給増額の不可能なるを見越し精神運動に趨りつゝある」と憲兵に評されるように、経済的負担の軽い「精神運動」に転換せざるを得なかった[90]。

そのため、同時期に一時賜金癈兵（比較的軽症のため増加恩給の支給基準に達しないと判断され、一時金である賑恤金の支給にとどまった者）による増加恩給支給を求めた運動が世間の関心を集めて勢いを増すなかで、「精神運動」に舵をきった谷田ら恩給を受給する癈兵団体の運動は、次第に目立った動きをほとんどみせなくなる。一九三二年四月一六日、一七日に大阪天王寺公会堂で開かれた帝国癈兵連合会の第九回全国大会では、戦傷・公傷の差別撤廃、癈兵の子弟の中学校授業料免除、国営鉄道無賃乗車方法の改正と並んで一時賜金癈兵への年金制定が請願項目としてあげられている。だが、同時に「満州国」独立承認促進に関する決議文の提出、満州派遣軍への慰問文・感謝文の打電も審議されており[91]、谷田らの運動は恩給法制定当時のような政府との対峙から「精神運動」と政府の支持表明へと質的な転換がはかられた。こうして癈兵による運動は第四章で述べるように、一時賜金癈兵による恩給支給・待遇改善を求めた運動に焦点が移ることになる。

おわりに

癈兵による待遇改善を求めた運動は、第一次世界大戦後の物価高を直接の契機として盛り上がりをみせ、一九二三年には恩給法の成立という成果をあげた。この運動は、当事者である癈兵が主体となって自らの主張を国家や社会に訴えたものであった。癈兵は、傷痍疾病の程度に加え、軍隊内の階級や学歴などにより帰還後の生活に大きな格差が生じていた。その彼らが恩給増額という共通の目標を掲げ運動を展開できたのは、生活の困窮のほかに、兵役義務を果たし、なおかつ国家の遂行した戦争によって傷痍疾病を負った軍人であるという強い自己認識と現状に対する不満を共有していたためであった。さらに、軍人としての自己認識は、現状との落差を前にして彼らの不満を「棄民意識」にまで先鋭化させ、自己認識と「棄民意識」が両輪となって運動をより盛り上げるという働きも果たしていた。

しかしながら、恩給増額を共通目標として盛り上がりをみせたものの、軍人であるという自己認識と現状に対する不満という共通の基盤によって団結が保たれていた運動は、第一の目標である恩給増額を達成した途端に対立と分解・衰退という道を辿った。軍人であるという自己認識に基づき、要求の正当化をはかるという運動の論理は、一度表面化した癈兵団体内の確執や対立を埋められるだけの力をもたず、傷痍疾病の差や軍隊内の階級・社会生活上の格差など癈兵が抱える多様な差異に対しても、それを新たに統合するための別の共通の基盤や論理を提示することができなかったのである。そうして、癈兵による運動は、同じ戦争体験を有しながらも、癈兵として認知されていない一時賜金癈兵の恩給支給・待遇改善を求めた運動に焦点を移すことになるのである。

以上が本章で明らかにしてきたことであるが、最後に一九二〇年代の癈兵運動がもった意義について触れておきたい。それは、これまで政策対象あるいは「慈善」の対象でしかなかった癈兵が、団体を結成し、政府や軍に自らの意見を発したという点である。特に、下士官・兵士という軍隊内階級が低く、なおかつ生活の苦しい層が運動の主体として一九三〇年代に至るまで中心にいたという点は大きい。運動の立役者である谷田志摩生の活動を支えていたのも、下士官・兵士であった。それは、下士官・兵士により強くみられた国家に対する不満や批判を谷田がすくい取り、運動の方向に昇華させることに成功したからであろう。癈兵運動とは、いいかえれば下士官・兵士が、国家に対し「癈兵」として自らの主体性を獲得しようとする運動でもあったのである。蔑称でもあった「癈兵」を彼らが団体名に掲げ続けたのも、「癈兵」であることを自らの主体性として積極的に引き受けるという彼らの意思表示ではなかったろうか。

だが、軍人であるという強い自己認識に根差した癈兵運動は、同時に運動の構造上の課題を抱えていた。癈兵の戦場体験が過酷なものであるだけに、国家や社会に顧みられない状況に対して、彼らは不満を鬱積させ、ついには国家に見捨てられたという「棄民意識」にまで高まっていった。これが、癈兵による運動を高揚させる原因になったと同時に、「優遇」を当然視する彼らの「特権意識」は、運動の高揚の過程のなかで固定化していったのではないだろうか。それが一九二〇年代において癈兵のあいだで新たな共感を呼び起こし、運動の新たな局面を切り開く力とはならなかった。「戦争の惨禍」という位置づけに「抵抗」し、差別対象から自らを「解放」するためには、「特権意識」から出発しなければならなかったということ、それが癈兵運動のもつ構造的な課題であった。

注

(1) 郡司淳『軍事援護の世界』(同成社、二〇〇四年)一一三〜一一九頁。
(2) 金太仁作『軍事救護法ト武藤山治』(初版一九三五年、『戦前期社会事業基本文献集40　軍事救護法と武藤山治』日本図書センター、一九九六年として復刻出版、一〇三〜一二一頁所収)。この調査結果は、一九一六年に陸軍省が全国一斉に実施した調査結果に、癈兵・遺族の独自調査を行っていた武藤山治の私設調査事務所がデータを補足して作成したものである。陸軍省が作成した元の資料が関東大震災で焼失してしまったため、当該期の癈兵・遺族の生活実態を知る数少ない手掛かりである。
(3)「主要品目小売価格」(大川一司編『長期経済統計　八　物価』東洋経済新報社、一九七六年)一五三頁。
(4) 郡司前掲書(二〇〇四年)第四章。
(5) 石井裕「東京癈兵院の創設とその特質」(『日本歴史』第六九三号、二〇〇六年)。
(6) 一ノ瀬俊也『近代日本の徴兵制と社会』(吉川弘文館、二〇〇四年)一五一頁。
(7) 郡司淳『近代日本の国民動員』(刀水書房、二〇〇九年)一七七〜一七九頁。
(8) 同前。
(9) 一ノ瀬前掲書第二部第一章、郡司前掲書(二〇〇九年)第四章。
(10) 陸軍省人事局恩賞課「癈兵の行動に関する件」(一九一九年一〇月八日、『大日記甲輯』大正八年、アジア歴史資料センター[JACAR] Ref. C02030885700　防衛省防衛研究所所蔵)。
(11)『河北新報』一九〇六年七月四日付。
(12) 桜井忠温『肉弾』(初版は丁未出版社、一九〇六年、『明治文学全集97　明治戦争文学集』筑摩書房、一九六九年所収)、同「無題」(『傷痍軍人に捧ぐ』厚生省、一九三八年、高橋淳子・平田勝政解説『知的・身体障害者問題資料集成』第一二巻、不二出版、二〇〇六年所収)。
(13) 蒲穆「私の平凡な過去」(『日傷月刊』第一四号、一九五四年七月一日)、同「思い出話」(『日傷月刊』第二九号、一九五五年三月一日)、「傷痍軍人の慈父蒲穆会長永眠さる」(『日傷月刊』第七九号、一九六〇年六月一日)によると蒲は一八七九年に福井県に生まれ、日露戦争に中尉で出征し、受傷。日露戦後は陸軍大学校を卒業後、参謀本部・陸軍省に勤務し、一九二〇年国際連盟軍事委員会日本陸軍代表部として渡仏。一九三〇年に帰国し、一九三二年京都第一六師団長を務め、一九三六年中将で予備役に編入される。一九六〇年五月二一日、八二歳で没。

(14) 「陸軍服役条例」(一八九六年六月三日勅令第二三三号、一九〇二年一〇月勅令第二三三号改正)第六条には「現役将校傷痍若クハ疾病ニ由職務若クハ永久服役ニ堪ヘスト思惟スルトキハ陸軍医官ノ診断書若クハ地方医師ノ病況書ヲ添ヘ順序ヲ経テ休職又ハ退役ヲ陸軍大臣ニ願出ヘシ」とあり、本人が「永久服役ニ堪ヘスト思惟スルトキ」は休職または退役を「願出」させるというように、本人の希望を斟酌する余地があったようである。それに対して下士官・兵士の場合は第六二条・第一〇四条で「現役中傷痍若クハ疾病ニ由リ常備後備ノ役ニ堪ヘ難キ者ハ其ノ役ヲ免シ永久服役ニ堪ヘ難キ者ハ兵役ヲ免ス」とあり、本人の希望に関係なく徐役された(注――傍線部は引用者による)。

(15) 『河北新報』一九〇六年六月二六日付。

(16) 同前、一九〇六年七月三日付。

(17) 同前、一九〇六年七月一〇日付。

(18) 遠藤芳信『近代日本軍隊教育史』(青木書店、一九九四年)三一一～三一二頁。

(19) 『河北新報』一九〇六年六月二三日付。

(20) 同前、一九〇六年六月二四日付。

(21) 同前、一九〇六年七月七日付。

(22) 同前、一九〇六年七月八日付。

(23) 同前、一九〇六年七月二二日付。

(24) 山田明「日露戦争時の廃兵の生活困窮と援護計画」(『日本福祉教育専門学校研究紀要』第四巻第二号、一九九五年)九三頁。

(25) 原文ママ。筆者による計算では一〇〇〇分の二三・二。

(26) 筆者不明「癈兵の死亡率と時期」(『後援』第二四五号、一九二二年)。

（27）『河北新報』一九〇六年六月二六日付（注――〔　〕は引用者による。以下、同様）。

（28）新潟県中頸城郡春日村平民無職業塚田原作外五名提出「癈兵保護ニ関スル件」（一九一二年三月二五日付、『議院回付請願書類原議（六）』国立公文書館所蔵）。

（29）東京府北豊島郡巣鴨町士族無職野村信成外一名提出「癈兵傷病兵及遺族優遇ニ関スル請願」（一九一六年二月八日付、『議院回付請願書類原議（七）』同前所蔵）。

（30）総理府恩給局『恩給百年』（大蔵省印刷局、一九七五年）一二〇～一二一頁。

（31）関東庁警務局長「残桜会主催満韓戦死者追悼旅行ノ件」（一九二五年三月二七日、『癈兵関係雑件』大正一四年、外務省外交史料館所蔵）。

（32）『読売新聞』一九二〇年一二月一五日付、朝刊。

（33）『河北新報』一九〇六年六月一八日付。

（34）在郷軍人会の会員は、正会員・特別会員・名誉会員から構成されている。創立時点の規約では、正会員を「待命、休職、予備役、後備役、退役将校同相当官准士官及在郷下士兵卒、但シ第一国民兵役ヲ含ミ、未教育補充兵ヲ含マス」としていた。特別会員は会に貢献した者、名誉会員は現役陸軍将校同相当官がそれぞれ推薦を受けて選ばれると定められている。したがって、特別会員・名誉会員とならない限り、兵役免除となった癈兵は会員資格を有しなかった（田家秀樹編『帝国在郷軍人会便覧』帝国在郷軍人会本部、一九一一年）。

（35）「残桜会設立趣意書」（作成年月日不明、『齋藤実関係文書』書類の部1、団体、海軍関係他、四七残桜会関係書類（1）、国立国会図書館憲政資料室所蔵）。同封の残桜会が齋藤実に宛てた書簡には「大正九年一月」の日付がある。

（36）「残桜会書簡」（一九二〇年二月付齋藤実宛、『齋藤実関係文書』書類の部1、団体、海軍関係他四七残桜会関係書類（2）所収、同前所蔵）。

（37）『陸軍現役将校同相当官名簿』（一九〇四年七月一日調）によると、田邊元二郎は一八九一年に少尉任官後、陸軍省副官、高等軍法会議判士、官報報告主任を歴任し、一九〇四年一二月に少佐に昇進している。また、田邊は日清戦争に従軍し、右足を負傷している（残桜会『戦跡旅行記』同会、一九二六年）。

(38) 前掲「残桜会設立趣意書」。
(39) 『日本社会事業　大正一二年版』（初版は大原社会問題研究所、複製版は文生書院、一九七五年）八二～八三頁、郡司前掲書（二〇〇四年）一一三～一一四頁。全国癈兵団の設立時期は管見の限り不明。
(40) 郡司前掲書（二〇〇四年）一一六頁。
(41) 「傷痍軍人会創立趣意書」（作成年月日不明、『大正拾壱年　記録　函館傷痍軍人会』、函館市中央図書館所蔵）。なお、函館傷痍軍人会は市役所の調査に対して設立年月日を一九一三年七月一〇日と回答しているものの、趣意書中に「然ルニ輓近欧州大戦ノ影響スル所各国皆物価ノ騰貴ヲ来タシ殆ンド薪桂米玉ノ観アリ」、「今ヤ欧州ノ大戦漸ク斂リ世ハ平和ヲ謳歌ス」とあることから、本格的な活動をはじめるのは第一次世界大戦後の物価高が生活に影響を及ぼしはじめていた一九二〇年前後であると考えられる。
(42) 「癈兵団設立に関する件」（高知県知事　阿部亀彦、一九二一年九月二日、『密大日記』大正一〇年六六冊のうち第六冊、JACAR Ref. C03022581200　防衛省防衛研究所所蔵）。
(43) 『山形新聞』一九二二年九月一二日付。
(44) 前掲『日本社会事業　大正一二年版』八二～八三頁、郡司前掲書（二〇〇四年）一一三～一一四頁。
(45) 依田光二「軍人恩給法改正の急務」（『有終』第一一三号、一九二三年）。
(46) 『神戸新聞』一九二三年一二月二〇日付。
(47) 渡邊祺十郎「軍人恩給論」（前掲『有終』第一一三号）。
(48) 現代史の会共同研究班「総合研究　在郷軍人会史論」第二章（藤井忠俊編『季刊現代史』第九巻、現代史の会、一九七八年）二三一～二三五頁。
(49) 同前。
(50) 前掲「癈兵団設立に関する件」。
(51) 「函館傷痍軍人会規約」（作成年月日不明、前掲『大正拾壱年　記録　函館傷痍軍人会』）。
(52) 「傷痍軍人会調査ノ件回答」（函館傷痍軍人会、一九三二年一〇月、前掲『大正拾壱年　記録　傷痍軍人会』）。

(53) 前掲「癈兵団設立に関する件」。
(54) 「函館傷痍軍人会記録」（作成年月日不明）、「在郷軍人分会射撃出席」（一九二二年一〇月一二日）一一月二五日の項（前掲『大正拾壱年　記録　函館傷痍軍人会』）。
(55) 「賛助者名」（前掲『大正拾壱年　記録　函館傷痍軍人会』）。
(56) 前掲『日本社会事業　大正一二年版』八二～八三頁、郡司前掲書（二〇〇四年）一一三～一一四頁。
(57) 『土陽新聞』一九二二年一〇月一六日付。
(58) 前掲『日本社会事業　大正一二年版』八二～八三頁、郡司前掲書（二〇〇四年）一一三～一一四頁。
(59) 『報知新聞』一九二二年三月一六日付。
(60) 前掲『日本社会事業　大正一二年版』八二～八三頁、郡司前掲書（二〇〇四年）一一三～一一四頁。
(61) 同前。
(62) 同前。
(63) 同前。
(64) 『報知新聞』一九二二年三月一六日付。
(65) 『神戸新聞』一九二二年一一月二八日付。
(66) 『東京朝日新聞』一九二三年二月一一日付、夕刊。
(67) 『時事新報』一九二三年二月一〇日付、夕刊。
(68) 『東京朝日新聞』一九二三年二月一一日付、朝刊。
(69) 郡司前掲書（二〇〇四年）一一五頁。
(70) 『山形新聞』一九二一年三月一九日付。
(71) 『東京日日新聞』一九二三年二月一三日付。
(72) 山形県知事縣忍「廃兵恩給増額運動ニ関スル件」（一九二三年一月一三日、内閣総理大臣加藤友三郎他宛、『大正一二年　採余公文』国立公文書館所蔵）。

(73)　作成者不明「大正一二年二月三一日　中第三六九号　癈兵谷田志摩生一派ノ内訌ノ件」(『大正一二年公文備考　巻五官職』、防衛省防衛研究所所蔵)。
(74)　『読売新聞』一九二四年八月二一日付、朝刊。『東京朝日新聞』一九二四年八月二一日付、夕刊。
(75)　一九二三年一二月一八日の項(前掲『大正拾壱年　記録　函館傷痍軍人会』)。
(76)　一九二四年五月二七日の項(前掲『大正拾壱年　記録　函館傷痍軍人会』)。
(77)　一九二四年一月七日の項(前掲『大正拾壱年　記録　函館傷痍軍人会』)。
(78)　『読売新聞』一九二四年一二月一二日付、朝刊。『東京朝日新聞』一九二四年一二月一七日付、朝刊。
(79)　『東京朝日新聞』一九二五年一月一七日付、夕刊。
(80)　前掲「残桜会主催満韓戦死者追悼旅行ノ件」。
(81)　『東京朝日新聞』一九二三年三月三〇日付、朝刊。
(82)　前掲「残桜会主催満韓戦死者追悼旅行ノ件」、残桜会前掲書。
(83)　海軍省人事局第二課『軍人遺族傷痍軍人座右の栞』(海軍省、一九三四年)一七五～一七六頁。同書では帝国傷痍軍人会について「士官を主とする団体」としている。なお、同書では同会の規模について隷下団体三二、会員数四三〇〇人としている。
(84)　憲兵司令部『思想彙報』第八号、一九二九年一二月(吉田裕編『十五年戦争極秘資料14　思想彙報』上、不二出版、一九九〇年所収)。なお、『思想彙報』は現役軍人、在郷軍人、癈兵の思想運動や反軍・反戦運動、共産党など外部の反戦・反軍工作について憲兵司令部が作成した報告書で月刊である。
(85)　憲兵司令部『思想彙報』第一三号、一九三〇年五月・憲兵司令部『思想彙報』第一六号、一九三〇年八月(前掲吉田裕編『思想彙報』上所収)。
(86)　海軍省人事局第二課前掲書、一七五～一七六頁。こちらも、同書では帝国癈兵連合会を「下士官兵を主とする受恩給癈兵団体」としている。なお、同会の規模については、統制下にある府県の団体数一六九、総会員数は七二〇〇人としている。

（87）宮武茂平『普選第一次敗将の語らひ』（大同書院、一九二八年）五一～五四頁。
（88）憲兵司令部『思想彙報』第九号、一九三〇年一月（前掲吉田裕編『思想彙報』下所収）。
（89）「兵役義務者及癈兵待遇審議会答申」（「書類送付の件」所収、自昭和五年一月至昭和六年一二月『来翰綴（陸普）第1部』JACAR Ref. C01004997100）。
（90）憲兵司令部『思想彙報』第二一号、一九三一年一月（前掲吉田裕編『思想彙報』下所収）。
（91）同前、第三二号、一九三二年一二月（前掲吉田裕編『思想彙報』下、所収）。

第二章　「癈兵」の名誉と抑圧

はじめに

戦争で負傷し、心身に障がいを負った元軍人である癈兵は、戦争で被った損害を国家への「貢献」として称えられ、「名誉の負傷者」と呼ばれた。つまり、癈兵には、国家の権威にもとづく名誉性が与えられていた。だが、「癈兵」という呼び名が示すように、現実の彼らは経済的にも社会的にも劣位に置かれた存在だった。そうした建前と現実との落差を前提としたとき、癈兵に与えられた国家的権威にもとづく名誉性とは、当事者にとっていったいどのような意味を有していたのかという疑問が浮かぶ。

本章は、以上のような問題意識をもとに、癈兵の名誉性をめぐる軍や援護団体、地方行政機関と当事者である癈兵の間の相克を分析することで、国家的権威にもとづいた名誉性が当事者の行動に及ぼした影響を明らかにする。

社会事業史研究に代表される従来の先行研究では、軍人とその家族、軍人遺族および癈兵を対象とした軍事援護は公的義務履行との関わりから、一般の救貧制度と隔絶され、特別な処遇性を与えられていたことが指摘されてきた(1)。

しかし、社会事業史研究では被救護者である廢兵らの社会的な立ち位置については充分な注意が払われず、制度と同様に一般の障がい者や貧困者と峻別され、特別な処遇性を与えられていることが自明視されてきた。そのため、公的義務を果たした軍人とその家族、軍人遺族および廢兵を特別視することが、当事者である彼ら自身のあり方にどのような影響を及ぼし、彼らの行動を規定したのかということは十分に明らかにされていない。

それは、社会事業史研究の成果を踏まえ、軍事援護が徴兵制度の維持、さらには戦争遂行のために果たした役割を論じた軍事史研究においても同様である(2)。郡司淳『軍事援護の世界』では、廢兵を社会から隠蔽しようとする「『保護』の論理」を提示している。「『保護』の論理」とは、重症者を廢兵院（一九〇六年廢兵院法に基づき渋谷に開設された収容施設。一九〇八年に巣鴨に移転。入所者は国費で終生扶養される代わりに入所中の恩給支給が停止された）に収容することで廢兵を「保護」し、「戦争の惨禍」を肉体に刻んだ彼らを社会から隠蔽していく論理であるという。とくに日中戦争以降は、「残存能力」の有無によって「再起奉公」の可能性をもった「傷痍軍人」と「保護」という名目のもと傷兵院（一九三四年に廢兵院の名称を改称。三六年には小田原に移転。）に隠蔽される重症者とに振り分けられていくとされている(3)。しかしながら、郡司自身も指摘しているように、廢兵院がすべての廢兵を収容し、廢兵とその家族の生活の「保障」をはかる施設ではない以上、「『保護』の論理」は限定的にならざるを得ない。軍や政府、そして民間の援護団体等が一般社会で生活することを選択した廢兵の名誉性をいかに保持し、「名誉の負傷者」としての立場の維持をはかろうとしたのか、その解明が課題として残されている。

先行研究で残された上記の課題に取り組むにあたり、本章ではまず軍や援護団体関係者の廢兵問題に関する言説を取り上げ、軍や援護団体関係者がどのようにして廢兵の名誉性を保持させようとしていたのかを分析する。その際、一般の障がい者や貧困者と隔絶された廢兵の処遇性という先行研究で指摘されてきた点をふまえつつも、本稿では「名誉の負傷者」と特別視されたが故に、廢兵の行動や言動がいかに規制されたのかという側面に着目したい。そのうえで、名誉性をめぐる廢兵とその周囲の諸機関の相違と対立を分析し、最後に廢兵に与えられた国家的権威にもとづいた名誉性とは何かを考えてみたい。

一　「名誉」と「自活」の論理

数多くの戦死者と傷病者を出した日露戦争では、廢兵の生活困窮が社会問題化した。それを受けて、廢兵の処遇をめぐる意見が社会事業者や軍事援護事業団体、経済界などの間から出された。

日本の社会福祉事業の発展に尽力した留岡幸助は、一九〇五年に「廢兵処分」と題する論稿を発表した。そのなかで留岡は、「吾人は君国の為に奮闘して不具癈疾となりたる将校兵士を見る毎に、如何にすれば最も能く彼等を慰藉し得る乎を思はずんばあらず」、「日本国民たるものにして廢兵者を慰藉するに於て異議を唱ふるもの恐くは一人もなかるべし」と国家による廢兵救護の必要性を認めている。しかし、「啻其れ異論を唱ふるものありとすれば、如何に之を処分し、又如何なる程度に於て楽しく之が余命を終らしむ可き乎と云ふにあり」と、全面的な廢兵救護に留保もつけている。そのうえで、「国家の為に負傷すればとて一も二もなく直に多大の金銀を与え、直に適度に過ぎたる優遇を為すは適々以て其人を害ひ、貴重なる金銭を濫費するもの」、「国家の功労者に対して無為徒食を強ゆるが如きは勇敢なる兵士を処遇する所以の道にあらず」として、職業紹介を基軸とした廢兵対策を提言している。また、留岡の提言には、就労に耐えない重症者を収容するため癈兵院を設けることも含まれている。その際、「癈兵院は普通の慈善院と撰を異にするものあり。〔中略〕彼等を処遇するは被救護者を以てせず、功労者を以てせざる可らず」と他の救護施設との差別化をはかることが主張されている。(4)

留岡の癈兵対策の根底には、癈兵を国家の「功労者」と見做すことで一般の障がい者や貧困者と区別しようとする意図がみられる。癈兵院に対する意見は、まさにそれを示している。職業紹介を基軸とした留岡の癈兵対策は、「被救護者」と「功労者」である癈兵とを対峙させ、癈兵の「人格」を尊重するという名目のもと、「残存能力」を生かした職業を紹介することで「濫費」の防止をはかろうというものである。「功労者」であるからこそ、「無為徒食を強ゆる」のではなく、「残存能力」を生かして経済的にも社会的にも「自活」させるべきであるという論理であった。

留岡の提言した癈兵対策は、国家財政の「濫費」防止という目的とも連動していた。日露戦争後の国家財政は戦費の公債償還と軍拡などにより、急激な膨張の一途をたどっていた。日露戦争中に設けられた非常特別税の継続やさらなる大増税で対応にあたらねばならないほど、国家財政は危機に瀕していた。(5)こうしたことを背景として、癈兵に適する職業を与え、財政負担の軽減をはかるということが留岡のねらいであった。これは、当時の内務省が「救済の方法としては、徒らに金品を恵み衣食を施さんよりも、寧ろ之を教へ導きて生業に就かしめ、徐ろに境遇を改善せしむる」(6)という「防貧」を政策論理としていたこととも通じている。

同様の発想は他にもみられる。一九〇六年『経済時報』に掲載された「癈兵を如何にせん」では、「経済上より不具者を観察するときは実に社会の厄介者なり不経済たる《ママ》物なり」、「か丶る不経済物たる社会の厄介者は此の社会より放擲するを以て正理とす」、「乞丐《こじき》に物を恵むは経済上の目より観察すれば悪事なり」、「乞丐は社会を害する毒虫なり」と一般の障がい者や貧困者への救済事業を否定しながらも、「国家の為めに一身を捧げ今や癈者となる国家は之れを救護せざるべからず癈兵救護は国家当然の責務なり」と癈兵救護の必要性を説いている。ただし、「癈兵は国家の為めに癈人となりたる義士なり〔中略〕乞丐の徒と同日〔様〕に物品を贈るのみに意を止むるは之れ癈兵を知らざるの人なり」として、救護の方法は「社会は各癈兵を調査し之れに適応する職業を求むにあり」と職業紹介によるべきだとされている。それにより、「癈兵をして愉快を増し名誉を得るに至る」ことができるという。(7)『経済時報』においても、癈兵を「義士」として一般の障がい者や貧困者と区別し、適した職業に就くことが提言されている。

そのような発想に基づき、援護団体のなかには実際に癈兵に職業紹介を行うところもあった。大阪で癈兵の「名誉」の保全と慰藉、貧困者の救済などを目的に結成された辰巳会では、(8)「癈兵は皆な是れ殉国の烈士なり」、「左れど、癈兵自身に於いては、其の体力、心力の許す限りを尽くして自活の方法を講ぜん〔こ〕とを期せざるべからず」(9)、「諸君にして其の暴騰せる地位と価値とを維持せんと〔する〕ならば、其の品行を慎み其の職業に努むるの外あるべからず」という考えのもと、(10)事業の一つに職業紹介を掲げている。(11)

以上のように日露戦争後の政府や社会事業者、経済界、援護団体は、癈兵救護を国家の責任として行うことの必然性や正当性を認めながらも、「濫費」を防止するため「自活」をさせるべきであるという基本姿勢を示していた。その際に用いられたのが、癈兵は国家のために傷痍疾病を負って障がい者となったのであるから、一般の障がい者や貧困者と同様に救護に甘んじさせるのではなく、その名誉性を保つためにも「自活」させよ、という論理であった。癈兵の名誉性は、「自活」を促す論理として用いられたのである。しかしながら、一部の援護団体による努力を除き、政府は癈兵の再就職に必要な職業紹介や職業訓練の機会の整備をはかることなく、(12)再就職の機会までも癈兵の自助努力に委ねられることになったのである。

二 『戦友』と『後援』における「癈兵」のとりあげ方

(1) 「癈兵」批判

再就職の支援策がほとんどない状況のもとで、癈兵の自助努力による「自活」は困難を極めた。そのため、民間の軍事援護事業団体などによる癈兵救護は、日露戦争以降も大きな役割を占めた。その代表的な団体が、伏見宮貞愛親王を総裁に仰ぎ、会長大隈重信以下、軍人や代議士、議員が理事・評議員に名を連ねた軍人後援会であった。半官半民の団体である軍人後援会が発行する雑誌『後援』では、救護にあたる担当者が現場の「苦労」について言及している。

『後援』でとりあげられているのは、同会が救護を行った東京本所区の癈兵のケースである。この癈兵は日露戦争の本渓湖の戦いで左手を失った元一等兵卒で、妻は癈兵と乳児を残して家を出たため暮らしが立ちゆかず、本所区長からの依頼により軍人後援会が生業扶助として金品救護を行った。しかし、その後、同会の担当者が、「お酒が好きで、有る物が無くなる迄も飲み、飲めば必ず夫婦喧嘩をする」という癈兵の「風聞」を耳にし、「妻たる人が最愛の赤子を棄てゝ、一時逃亡したと云ふことは、同情を求める狂言ではなかつたかと、思へば思へぬこともありませぬ」という推測や、そうした場合に事実確認することの難しさなど、現場の「困難さ」を訴えるに至っている(13)。

救護を要請した経緯の真偽のほどはともかく、ここでは担当者が癈兵の「狂言」を疑うに至った契機として、飲酒に耽り、周囲に当たり散らすという廢兵の「風聞」があったことに着目したい。担当者はこの「風聞」について、「お上より下されし恩給証書を曲げて迄も飲み尽くし、飲めば必ず気が荒くなると云ふ始末であると、家庭の平和を得られぬのみか、世間の同情も尊敬の念も、漸次うすれ行く外ありますまい」いう批判を行っている(14)。この批判からは、飲酒に耽り、周囲に当たり散らす廢兵を、担当者が同情や尊敬の念を寄せるのにふさわしくない人物であると考えていることが見てとれる。そして、記事の最後には「其の名誉と同情とを、永遠に保持せらるゝやうに相互に戒めて、人を欺き自己を偽るといふことが如きことのないやうにせられ度いと思ひます」という「希望」を述べて記事を結んでいる(15)。

廢兵の行動や態度が社会の同情を損なう可能性があるという懸念は、『後援』や帝国在郷軍人会の機関誌である『戦友』誌上にもたびたび登場している。在郷軍人会の設立に重要な役割を果たした田中義一は、日露戦争から十年が経過し、日清・日露の廢兵に対する関心が薄らいでいることについて、「社会が多大なる同情を以て彼等の生涯を安楽ならしめるのは国民の義務であらう」、「戦傷者をして往々郷里の人に対して不遇の嘆声を発せしめるといふ事は、在郷軍人としては実に忍びぬ次第ではないか」としながらも、「中には戦傷者自身の身持ちが悪いとか若くは自分の功に誇つて高慢不遜の態度があるとかいふ即ち戦勝《ママ》者自身の不徳から同情を失するといふ事もあるであらう」という見解を述べている(16)。

こうした見解が出される背景には、廢兵が「自暴自棄」に陥りやすい環境に置かれていたということが挙げられる。以下に引用するのは、一九三九年一二月に辻村泰男が傷兵院（一九三四年廢兵院法の改正により「傷兵院」と改称）に入所している日露戦争の廢兵の調査をした際、一人の廢兵が受傷後の生活について語ったものである。

恩給ガアルト云フコト、金ノ融通ガ利クト云フコトハ一方傷痍軍人ノ精神ヲ鈍ラシ依頼心ヲ起サセル悪因デモアル。金ノ融通ガ利イテ仕事ガ無イト行ク処ハ碁ヤ将棋ヤ賭博、殊ニ不具トイフコトガ頭カラ離レナイカラ時ニハ気晴ラシモシタクナリ遊興ニ耽リ易クナル。又恩給ニ依頼スル為何カ仕事ヲ始メテモ一寸面白クナクナルト辛抱ガ出来ナイ。(17)

上記の回想からは、再就職のための支援策もなく、生活上の悩みを相談する場所もないなど、日中戦争以降の軍事援護事業に比して救護事業全般が整備されていないことがうかがえる。しかし、国家から恩給を支給され、必要に際して援護団体からの救護を受けながらも「自暴自棄」に陥る癈兵を、社会は「身持ちが悪い」、「高慢不遜」という批判の眼差しで見ていた。

特に田中の発言がなされた一九一五年は日露戦争から約十年が経過しており、民間の援護団体は、戦死者遺族や癈兵への関心の低下から全国的に活動の停滞や団体解散という事態に陥っていた。(18)くわえて、癈兵や「偽癈兵」による薬の「押し売り」が社会問題化しており、(19)癈兵に対する社会の視線はさらに厳しいものになっていた。しかしながら、社会の厳しい視線のなかでも、困窮する癈兵を放置することは軍隊の「士気」にかかわるため、救護を継続しなければならない。田中の発言は、軍がそうしたジレンマに直面していることをうかがわせる。そのため、田中は癈兵批判に歯止めをかけるべく「身持ちが悪い」、「高慢不遜」という行動や態度を慎むよう癈兵に促すとともに、社会に対して救護の継続を「国民の義務」として訴えざるを得なかったのである。

なお、援護団体にしても、戦死者遺族と癈兵が同情に基づく救護を期待することは否定している。『後援』の「戦没者遺族と癈兵に就て」という記事では、「遺族、癈兵諸君は不平がましき言動を弄したり、或は単に世の同情のみに依頼せんとする如きことなく、奮励努力自活の途を講じて、世の模範たらんことを期せられたい」、「近来兎角拝金熱に浮かされて、奢侈《しゃし》を事とし、文弱に流れ、唯だ私利私欲のみを営《いとな》んとする悪風潮が、日を追て増加せんとするの傾向があるから、諸君をして是非共是等悪風潮に打勝ち、国宝としての真価を発揮せしめたい」という要望が述べられている。[20] 援護団体も、癈兵が自助努力により「自活」し、その名誉性を保持することを前提としている。援護団体による救護が行われるのは、癈兵個人の自助努力だけでは生活が成り立たない場合のみである。その際、癈兵の行動や態度が問われることになる。本所の癈兵のように飲酒にふけって当たり散らす者は、尊敬や同情を寄せるのにふさわしくない、つまりは救護を受けるにふさわしくない存在として批判されることになるのである。

こうした軍や援護団体の癈兵批判は、一般の障がい者や貧困者と癈兵とを公的義務の関わりから峻別するだけでは、癈兵救護に対する社会の理解を十分に得ることができなかったことを示しているのではないか。貧困を「自己責任」とみなす社会的状況のなかで、一般の障がい者や貧困者と癈兵を峻別し、救護するためには、「名誉の負傷者」にふさわしい行動や態度をとってもらわなければならなかったのである。これは、癈兵や戦死者遺族の貧困救済が基本的な人権としてではなく、あくまで公的義務の履行に伴う「国家的優遇」として位置づけられていたこととも深く関係していると考えられる。[21]

さらに、国費救護の制度が機能せず、民間の援護団体や地域社会の相互扶助に依存せざるを得ない状況も、癈兵批判が出された理由に深く関係している。癈兵と戦死者遺族の窮乏を国家の責任において救済せよという意見は一九一〇年代において高まり、一九一七年の軍事救護法の制定として実現した。[22] しかしながら、軍事救護法の成立後も国費による癈兵救護は運用上の問題から十分に機能せず、軍人後援会などの援護団体や地域社会の相互扶助に依然として頼らざるを得ない状況であった[23]。そのため、廢兵救護を「適切」に実施するためにも、常に行動や態度に注意を払い、名誉性の保持に努めてもらわなければならなかった。このように、戦争犠牲者に与えられた名誉性は、癈兵の行動や態度を束縛する働きをもっていたのである。

(2) 『戦友』誌上における「癈兵」の表彰

そうしたことから、同時期には癈兵に名誉性を守ることを求める取り組みの一環として、軍の立場からみて「名誉の負傷者」として「国家的優遇」を与えられるのにふさわしいと思われる癈兵を取り上げ、他の癈兵や在郷軍人に啓蒙をはかるということも行われた。在郷軍人会の機関誌『戦友』では、一九一〇年代を中心に「勤倹貯蓄」に努めたり、軍や地域社会に「献身犠牲」をもって貢献した在郷軍人を「模範軍人」として表彰する特集をほぼ毎号行っている。

同時期にはじまった地方改良運動では、「禁欲」、「勤倹」といった国民的なモラルの創出が目指されていた。『戦友』の特集も、こうした流れを受けて「兵隊上り」と社会から揶揄されることに頭を抱えていた軍が、在郷軍人を「良民」に仕立てあげるために編み出した対策の一環であったと考えられる[24]。この特集では、当初は簡閲点呼の際に点呼執行官が模範者として賞詞を与えた人物の功績を紹介していたが、途中から会員が推薦した人物も取り上げるようになっている。そうして表彰あるいは推薦された人物のなかに、数名の癈兵が含まれている。

一九一一年に表彰された三重県の後備歩兵軍曹は、「家貧にして家族六人」、「体は戦傷に仍りて癈人たり」、恩給によってわずかに糊口をしのぐという状態であるにもかかわらず、在郷軍人会の創設・忠魂碑の建設など「熱誠」をもって在郷軍人会の活動にあたっている点が高く評価されている。なかでも、村からの入営者に対して金二〇銭を寄与した点が「熱誠の士」と誌上で称賛されている[25]。

一九一四年にとりあげられた兵庫県の癈兵の場合は、日露戦争で右腕を失った後も新聞配達夫として勤めあげ、その「勤勉振りは他人をして感動賞賛措く能はざらしむ」と記事は伝えている。さらに彼は恩給を「悉く貯金し」、蓄財が一〇〇〇円以上に達した後も「孜々《しし》として家業に奮励」しているという[26]。三重県の後備歩兵軍曹は、「献身犠牲」の発揮、兵庫県の癈兵は「勤倹貯蓄」という自助努力が、それぞれ表彰・推薦された理由であった。

一九二一年に三回にわたって功績が連載された富山県の癈兵の場合は、自助努力と「献身犠牲」の両者が体現された存在として称えられている。彼は日清戦争に従軍した際に凍傷にかかり、帰還後に悪化したため、両足の切断手術を受けた。切断手術の際、「氏は従容手術台に上つて、少しも悪びれた顔もせず、医師のなすが侭に任せて思ふ存分の手術をさせた」という。記事では幼い娘の引く荷車に癈兵が正座して乗り、軍旗祭に出かける様子の写真も掲載されている。

その癈兵が果たした功績の一つが、生活空間への時間概念の普及をはかることであった。時間に束縛された生活は村落社会では未だ普及しておらず、「人と約束しても、三十分や一時間遅れるのは、当然の様に心得て居る人が今尚少なくない」という居村の状況に彼は「憤慨」し、毎日正午になると家の軒下で板を叩いて時間を知らせる役割を果たした。また、寺がなく僧侶がいない居村のために経を習得し、葬儀があると荷車に乗って出かけ、無料で読経をしたという。さらに、彼は「一家の将来のことも犠牲にし、自分の不自由不如意も忍んで」長男を現役兵として志願させたと記事は伝えている[27]。富山県の癈兵の場合は、時間の遵守や経の習得という自助努力を村落社会に波及させた点、くわえて長男を軍隊に志願させるという「献身犠牲」を発揮した点が評価されている。

以上の分析から、『戦友』では、傷や病を克服し、自助努力により「自活」する癈兵、「献身犠牲」の精神を発揮する廢兵が「名誉の負傷者」にふさわしい存在としてみなされていたことがわかる。

不自由な身体を抱えた廢兵にとっては、少しでも現在の生活水準を維持し、向上させるために、「勤倹貯蓄」の実施に迫られていたというのが実際のところであろう。『戦友』誌上で取り上げられている廢兵は、いずれも恩給支給額の低い下士官・兵士クラスである。彼らはインフレなどの経済変動や労働力となる家族が病気にかかるといった、わずかなきっかけで最下層に転落していく可能性と常に隣り合わせの生活を送っていた。しかしながら、『戦友』では、廢兵が生活を維持し、向上させるための自助努力を「模範軍人」として読み替え、他の在郷軍人や廢兵を啓蒙するとともに、社会の廢兵に対する尊敬の念を喚起するために用いている。

なお、自助努力や軍・地域への貢献を評価する際に、廢兵が戦場で負った傷や病は克服の対象として、より評価を高める方向に作用している点も注目される。『戦友』では、廢兵が傷病を負った際の生々しい様子や、彼らが日常生活のなかで感じているはずの身体の痛みは、ほとんどとりあげられていない。富山県の廢兵では、切断手術の際の話が彼の「沈勇」を称えるものとして使われている。廢兵の抱える障がいは、自助努力を成し遂げる過程で乗り越えてきたものの一つとして見なされ、尊敬の念をさらに高める役割を果たしている。そのため、より困難な地点から成し遂げられた「功績」は、他の在郷軍人よりも際だって伝えられる。富山県の廢兵の三回にも渡る連載は、それを示しているものと考えられる。

当然ながら、これらの廢兵が高い評価を受けるのは、その行為や態度をなしえた者がごく少数であったためである。既述の通り、廢兵の大部分は「自暴自棄」に陥りやすい環境にさらされていた。『戦友』誌上で取り上げられた「自活」する廢兵の姿は、ごく一部の成功者に限られていたとみるべきである。

『戦友』の特集は、ごく一部の「自活」に成功した廢兵や「献身犠牲」の精神を示した廢兵を取り上げることで、他の在郷軍人や癈兵を啓蒙するとともに、癈兵が「名誉の負傷者」として「国家的優遇」を与えられるのにふさわしい行動や態度をとっていることを示すことで、社会の癈兵に対する尊敬の念を喚起することもはかろうとしていたのである。

三　国家・社会との相克

(1)　名誉性の欺瞞の指摘

癈兵に「名誉の負傷者」としてふさわしい行動や態度を求めていた軍や援護団体に対し、癈兵は自らに与えられた名誉性をどのように捉えていたのだろうか。前章でふれた癈兵による待遇改善運動から、その一端を明らかにしてみよう。

第一次世界大戦の影響によるインフレは、癈兵の自助努力、あるいは援護団体による救護だけでは対処できないほど癈兵の生活を困窮に追い込んだ。一九二〇年代になると『戦友』と『後援』で表彰される在郷軍人は、人命救助などの「善行」を行った者がほとんどを占めるようになり、当初の企画の意図からは大きく外れた。かわって新聞などでは、癈兵団体による恩給増額と待遇改善を求める動きが報道され、これまで雑誌などで間接的にしか伝えられてこなかった癈兵の言動や行動が表面化するようになった。

なかでも、一九二二年は恩給の増額など癈兵の待遇改善を求める運動が全国的な盛り上がりをみせた。山形で開催された癈兵の決起集会には、運動の牽引役である全国癈兵団の世話人の谷田志摩生も来県し、「一将成功枯萬骨」と窮状を訴える癈兵団体は、「一般より非常に同情と注目とをひいた」という[28]。日露戦争から二十年近くも貧困に耐えていた癈兵が、「月々受ける十円の恩給でどうして一家を支へられるか」と待遇改善を訴える姿は[29]、社会の目を集めたようである。この運動は、恩給を「権利」とみなし、癈兵の生活が安定する水準の「国家補償」を求めた点が特徴であった[30]。

第一章でふれた通り、癈兵みずからが声をあげるという事態は、政府と軍に衝撃を与えた。運動に応対した当局者（具体的な省庁・部局名は不明）が新聞の取材に「物価の高低その他から見て日本における癈兵の生活は困難であり従つて思想上にも影響して中には極はめて危険な思想をいだき常に癈兵の注意を要するものもある位」と語っているように[31]、癈兵自身が徴兵制を揺るがす「危険分子」となる可能性が高く、軍が感じた危機感は相当なものであったと考えられる。前章でふれた有終会の将校による恩給増額を求めた運動も、同様の危機感から発せられていた。

「名誉の負傷者」としての行動や態度を求めてきた軍や援護団体に対し、「吾々が〔は〕一身一家を振り捨て、邦家の為に尽し其犠牲となつたものであるが社会は帰還一、二年の間は名誉の軍人だとか何とか謂つて呉れたが其後は癈物同様な待遇より与へないではないか」と訴える癈兵団体は[32]、尊敬の念や国家から与えられた名誉性の欺瞞を暴き、癈兵の困窮の実態を突き付けたのである。第一章でふれたように、兵役義務を果たし、なおかつ国家の遂行した戦争で傷痍疾病を負った軍人であるという強い自己認識を抱く癈兵は、現状との落差に憤っていたのである。

結果として、癈兵団体の運動も功を奏し、一九二三年には恩給の大幅な増額を盛り込んだ恩給法が公布された（法律第四八号）。

(2)　自制と忍耐の要求

しかし、こうした運動の盛り上がりとは裏腹に、運動が勢いを増すほど、それに比例して廢兵は持て余されるようになっていった。

廢兵運動が盛り上がりをみせていた頃、廢兵団体の陳情の様子を目撃した雑誌記者は、その様子をつぎのように語っている。

日露戦争後に廢兵の行商が流行した当時此の問題に奔走した本誌記者はその筋から誤解され、憲兵さんから時々訪問を受けた事がある、或時は志士を気取つた朝野の集まりの国防問題を談ずる処で、『国防を議する前に廢兵問題を解決せよ先づそれを解決してから国防を語れ！』と言つて笑はれた事さへある。〔中略〕此処まで来た二十有余年の間に於ける先輩の廢兵諸君（その名を改めて傷痍軍人諸君）は政党の各事務所や陸軍省を何回訪問してこの問題に関する尽力を懇願したか判らない、陸軍省に出入した者は御承知の筈だが、その玄関の入口で玄関子から冷ややかな敬遠主義を以て遇されて居た事を見て惻隠の情に何とも言へぬ気分を起こさぬものは無かつたらう。(33)

団体で詰めかけ要求と批判を突き付ける廢兵を、陸軍省からして冷ややかな視線を向けていたことが示されている。

同様の動きは地方でも起きている。中央の廢兵運動が高揚を迎えていた同時期には、地方でも廢兵の待遇改善のため、幅広い援護の実施を求める請願・陳情が出されており、行政機関が対応に追われていた。第一章でもふれた函館傷痍軍人会では、電車運賃の割引を目指して一九二三年一一月以降、数度にわたって函館市役所と鉄道運行会社である函館水電株式会社を訪問し、小浜松次郎市長と函館水電専務への面会を求めていた[34]。当初、市役所は市長の留守を理由に会見を不可としていたが、傷痍軍人会の勢いに押され、ついには市長が「本会ノ発展ニ尽力ス」と言明するに至っている[35]。行政側も傷痍軍人会の要求を正面から拒絶することはできなかったのである。

さらに、函館傷痍軍人会では堤防付属地の借り受けを市の土木課に請願しており、生活保障・待遇改善という当初の運動目的の域を超えた求めをするようになっていた。この請願については、市も「聊カ問題」であり、函館傷痍軍人会に「同情ヲ失フ虞」があるので「熟考」すべしという「注意」をしている[36]。これは、傷痍軍人会との軋轢を避けるために同情の低下を理由に牽制をかけ、自制を求めるという市の苦肉の策であろう。廢兵の請願・陳情は、その存在が国家的権威を背負っているだけに正面から要求を拒否しにくく、行政機関にとっては余計に手に余る存在であったのである。

同様の事例は、一九二五年八月一六日に函館傷痍軍人会が開催した全道傷痍軍人大会の際にもみられている。大会挨拶に立った佐藤孝三郎函館市長は、「諸君は国家の隆盛を図るところの尊い犠牲となつたもので社会は之に対し充分同情を払ふ様にしたい併し諸君も国家財政の困難の秋であるから同じく同情心を持たなければならぬと思ふ」と財政逼迫を理由に、大会で議決された「無賃乗車ノ件」、「煙草塩郵便切手収入印紙売捌ノ件」、「官公立病院無料治療ノ件」、「中等学校入学月謝免除ノ件」、「癈兵院入院治療ノ件」の五項目の要求に牽制をかけている[37]。

また、大規模な人的損害を出した第一次世界大戦の教訓も、癈兵に自制を求める意見を後押しした。貴族院議員の児玉秀雄は、第一次世界大戦の経験から「国防は国民的基礎の上に立」つこと、そのため「挺身国難に丁り、戦ひ傷き不具者」となった者に対しては「進んで其実力の許す限りの救護に勉めねばならぬ」と主張しながらも、癈兵対策について以下のような意見を述べている。

而して癈兵其者に於ても、自己が直接全国民の自発的意思に、救護されて居る事を思へば、其処に一種の融和的感情が起り、自己の犠牲的報効が、全然自己を含めた全国民の為であつた事を顧念し、同時に飽く無きの救護を求めて全国民の共同生存の上に大なる負担を感ぜしむることを気の毒と考へしむるにも至るであろうと信ずる。(38)

これは、癈兵団体による待遇改善を求めた運動が高潮を迎えていた一九二二年に『後援』に掲載された論説であることから、後半部は癈兵団体への批判が込められていると考えられる。児玉の論説の意図は、癈兵団体の要求は「全国民の共同生存の上に大なる負担」を強いることであると指摘し、「飽く無きの救護を求め」る癈兵団体に自制を促すことにあった。

そうしたこともあって、同時期の『後援』には、読む者の「感動」を誘うような癈兵の事例が掲載されている。掲載されたのは日露戦争で左腕貫通銃創を負った東京神田の元一兵卒の癈兵で、家賃と物価の高騰、そして妻の病気も重なって、小間使いとして働く癈兵の給料と恩給だけでは暮らしていけず、「最早や困憊と疲労とは呪ふが如く破れ家の一族を襲ふばかり」という状況に追い込まれた。この事態に対し、各方面から「同情金」が寄せられたが、癈兵は「是迄一切の同情金を謝絶し与ふる人があつても自ら謝して一金を受けなかつた」。その理由について、癈兵は「国家の為とはいへ、癈兵となつて世を暮らした過去の困苦は骨身に沁みた事ばかりです。不甲斐ない男だと笑つて下さいますな。私は此侭終つても、娘だけは花を咲かせてやりたい。他人から施されて生きれば娘の出世の名折れと思はれもする」と語ったという。この一連の出来事が新聞で伝えられると、地方の有志からも軍人後援会に「同情金」が届けられた。この話を『後援』で紹介した記者は、以下のような感想を記している。

何とまあ健気な心がけてありませう。私共は癈兵は名の示す如く癈兵であつて、唯の不具者ではなく、其不具は換言すれば国家に奉公した清い犠牲を語るもの、他の何者の装飾にも優りて美はしい者である。従つてそれに報いるべき国民の感謝が物質となつても現るべきであつて、従つて之を受くることは左迄厭ふべき事は無いと思ひますけれども、併し斯うした凛とした心懸の同氏の真情には十分同情する事が出来ます。(39)

周囲からの支援を拒み、貧窮に耐える癈兵は「清い犠牲」、「美はしい者」という言葉で表現され、高く評価されていることがみてとれる。さらに、この感想では寄せられた「同情金」を「国民の感謝」と表現し、癈兵の被救護権を暗に否定している。記事の意図は、同様の境遇にある癈兵にも「名誉の負傷者」として殊更「権利」を主張したりするのではなく、自制と忍耐を求めることにあると考えられる。

以上、癈兵団体の陳情・請願に対する軍や地方行政機関、援護団体の反応をみてきた。それらの反応からは、「自活」を促し、「身持ちが悪い」、「高慢不遜」などの行動や態度を「名誉の負傷者」としてふさわしくないと批判してきた軍や援護団体が、その癈兵から名誉性の空虚さと欺瞞を指摘され、対応に追われている姿がみえてくる。軍の権威の低下・厭軍感情の蔓延という状態のなか、癈兵団体の主張が軍や国家への批判に転化するのを防ぐために、軍や地方行政機関は、恩給法制定による「国家補償」の充実や会活動への協力という形で応えざるを得なかったのである。

しかし、一九二三年に恩給法が癈兵運動に影響されて成立したことによって、軍や地方行政機関、援護団体のなかに、集団を組んで「権利」を主張し、要求を重ねる癈兵を持て余すという様相もみせている。陳情・請願を受けた軍や地方行政機関、援護団体の内実は「冷やかな敬遠主義」であり、ついには癈兵団体を「飽く無きの救護を求め」るものとみなし、自制・忍耐を求めるに至っている。

その際に出されたのが、同情の低下を防ぎ、「名誉の負傷者」として、その名誉性を守るためにも自制・忍耐を促すという方策であった。『後援』で取り上げられた癈兵の事例は、「権利」を訴える癈兵団体に対峙するものとして位置づけられる。『後援』では、貧窮に耐える癈兵を「清い犠牲」、「美はしい者」と称え、一般の障がい者と区別している。つまり、一般の障がい者と異なり、「国家に奉公した清い犠牲」であるからこそ、名誉性を守るためにも自制・忍耐が必要であるという論理なのである。国家への「貢献」を掲げ、待遇改善を訴える癈兵に対峙するために名誉性を引き合いに出し、抑え込みをしようというのが、軍や地方行政機関、援護団体の姿勢であった。

なお、軍や地方行政機関、援護団体がとった自制・忍耐を求めていくという姿勢は、癈兵に対する圧力として、ある程度の効果をみせたようである。一九二五年に癈兵団体が開催した日清・日露戦争の戦跡を巡る旅行に参加した癈兵の一人は、旅先での歓待を受けて「国家の為に働けるものは、単に吾等のみではない。〔中略〕吾等の優遇せらるゝ所以は身体を不具にせる不幸に同情されたものである、吾等は社会の優遇に対しては大に感謝すると共に之に依つて傲慢の念を生ずることを戒めねばならないのである」と語っている。(40)「優遇」を施される理由として、癈兵自身が「同情」をあげているのが着目される。ここでは、待遇改善運動時のように「権利」を主張する言説は後景に退き、「優遇」への「感謝」と「傲慢の念」を戒めることが提唱されているのである。

おわりに

本章では一般の障がい者や貧困者と隔絶された癈兵の処遇性という先行研究で指摘されてきた点をふまえつつも、「名誉の負傷者」と特別視されたが故に、癈兵の行動や態度がいかに規定されたのかという側面から、癈兵に与えられた名誉性をめぐる癈兵と軍や援護団体、地方行政機関との間の相克を分析してきた。

これにより明らかになったことは、貧困者や一般の障がい者と癈兵を峻別し、特別視をはかるほど、癈兵は「名誉の負傷者」という型枠に束縛され、名誉性は「国家補償」や「社会保障」という当然あるべきはずの「権利」を抑え込むためのロジックとして軍や援護団体に用いられていたということである。

日露戦争後の財政危機を背景に、社会事業者・経済界・援護団体のなかから登場した名誉性の保持を理由として癈兵に「自活」を促すという論理は、その後の軍や援護団体にも基本的にみられた姿勢であった。一方、軍や援護団体は、貧困者や一般の障がい者と癈兵を峻別するため、名誉性の保持を彼らに求め、癈兵が救護を受けるにふさわしい「名誉の負傷者」であることを積極的に示していった。これは癈兵に「国家的優遇」として救護を施すことに社会の理解と協力を求めるための軍と援護団体の対策であったが、同時に被救護権を「国家的優遇」として抑圧し、さらには癈兵の行動や態度を「名誉の負傷者」としての枠内に束縛することでもあった。

これに対し、当事者である癈兵は待遇改善を求めた運動のなかで尊敬の念と国家的権威にもとづく名誉性の欺瞞を暴き、困窮の実態を突き付けた。結果として廃兵団体は恩給の増額を勝ち取ったものの、廃兵団体を持て余した軍や援護団体、地方行政機関は、なおも要求を重ねる廃兵団体に自制と忍耐を求め、抑え込みをはかろうとした。その際に用いられたのが、「名誉の負傷者」として自制・忍耐を求めるというロジックであった。

この一連の過程は、「国家補償」や「社会保障」という基本的人権から発せられる概念が定着していない社会にあって、貧困者や一般の障がい者から廃兵を「名誉の負傷者」として峻別したことにより生じた現象ではなかっただろうか。戦争犠牲者として廃兵に与えられた「名誉」は、廃兵を特別視するものであると同時に、廃兵の「権利」を抑え込み、行動や態度を束縛するものとして用いられていたのである。

さらに、名誉性によって「権利」を抑え込むという構造は、その後も引き継がれた。一九二九年に設置された兵役義務者及廃兵待遇審議会の答申に基づいて、その名誉性を維持するという観点から「廃兵」は「傷痍軍人」に改められた[41]。先行研究で指摘されるように、日中戦争以降は、負傷者の増加に伴って、政府も軍事援護事業の本格的な整備に乗り出し、傷痍軍人の待遇は経済的にも社会的にも向上した。だが、一九三六年一二月に既存の廃兵団体を統合して創設された大日本傷痍軍人会は、傷痍軍人の「名誉ヲ完ウシ品位ノ操守」のため「精神修養」を事業内容に掲げて規約で政治活動を禁じた[42]。援護政策が整備され、傷痍軍人の名誉性が高められた一方で、傷痍軍人が自ら「権利」を主張する機会も抑え込まれていったのである。

注

(1)　吉田久一『現代社会事業史研究』（勁草書房、一九七九年）第一部第二章、第三部第四章、池田敬正『日本社会福祉史』（法律文化社、一九八六年）第Ⅳ章第四節、山田明『通史　日本の障害者』（明石書店、二〇一三年）第二章第二節、第三章第四節など。

（2）日清・日露戦争期から日中戦争期にかけてのものは、一ノ瀬俊也『近代日本の徴兵制と社会』（吉川弘文館、二〇〇四年）、郡司淳『近代日本の国民動員』（刀水書房、二〇〇九年）、佐賀朝「日中戦争期における軍事援護事業の展開」（『日本史研究』第三八五号、一九九四年）などがあげられる。

（3）郡司淳『軍事援護の世界』（同成社、二〇〇四年）第五章。

（4）留岡幸助「癈兵処分」（初出『人道』第三号、一九〇五年七月一五日、同志社大学人文科学研究所編『留岡幸助著作集』第二巻、同朋舎、一九七九年所収）。

（5）宮地正人『日露戦後政治史の研究――帝国主義形成期の都市と農村』（東京大学出版会、一九七三年）一〇～一六頁。

（6）内務省地方局『地方自治要鑑』（初出一九〇七年、『復刻　地方改良関係資料集　四』芳文閣、一九八七年、所収）二八〇頁。

（7）『経済時報』四九、一九〇六年五月。〔　〕は引用者による。以下同様。

（8）「辰巳会設立趣意書」、「辰見会々則」（『癈兵之友』第七号、一九〇六年所収）。辰巳会（一九〇五年一〇月二一日結成）と同会が発行している『癈兵之友』（一九〇五年一一月創刊、一九〇七年の第一九号で終刊）については、山田明「生島永太郎と辰巳会・大阪廃兵院――機関雑誌『廃兵之友』を材料にして」（『天理大学人権問題研究室紀要』第一三号、二〇一〇年）参照。

（9）「癈兵と自立精神」（『癈兵之友』第四号、一九〇六年）。

（10）「癈兵及び在郷軍人諸君に告ぐ」（『癈兵之友』第九号、一九〇六年）。

（11）辰巳会の職業紹介は、会誌『癈兵之友』に添付してある用紙に年齢や負傷の箇所、希望職種など必要事項を記入し、本部に申し込むという方法をとっていた。ただし、辰巳会に寄せられた求人は、「煙草元売捌業」、「行商人」、雑貨店の店員、「備中紙箱製造所」、書記など内職が主であり（「需用の部」『癈兵之友』第一九号、一九〇七年）、会誌の発行期間の短さから考えても十分な成果をあげたとは言い難い。

（12）辻村泰男「戦傷者の心理と職業保護」（『現代心理学　第七巻　国防心理学』河出書房、一九四四年）によると、戦傷者の職業再教育は第一次世界大戦後にベルギーの下院議長ショレール（M. Schollaert）によって先鞭がつけられ、各国に広まったという（二九六頁）。日本で戦傷者の職業教育が重要視され、対策が講じられるのは日中戦争以降である（同上）。

(13) 有田倭文子・竹鶴苫楽子「負傷兵士訪問記――救護事業の困難」（『後援』第一三〇号、一九一三年）。

(14) 同前。

(15) 同前。

(16) 陸軍少将田中義一「重ねて分会長諸君に御相談」（『戦友』第五九号、一九一五年）。

(17) 辻村前掲論文、二六八頁。

(18) 一ノ瀬前掲書、一二〇～一二六頁。

(19) 吉田裕「日本の軍隊」（『岩波講座　日本通史　第17巻　近代2』岩波書店、一九九四年）。

(20) 岳洋散士「戦没者遺族と癈兵に就て」（『後援』第一三八号、一九一四年）。

(21) 郡司前掲書（二〇〇九年）序章参照。

(22) 軍事救護法の制定過程については、一ノ瀬前掲書第二部第一章、郡司前掲書（二〇〇九年）第四章参照。

(23) 第一章でふれたように、上述の先行研究によると、戦死者遺族、癈兵、出征軍人の困窮救護から出発した軍事救護法は、制定過程で現役兵とその家族にまで救護対象を拡大し、実際の運用にあたっても、恩給受給者である癈兵は救護認定されない場合が多く、現役兵とその家族が被救護者の大半を占めていたことが指摘されている。

(24) 現代史の会共同研究班「総合研究　在郷軍人会史論」序章・第二章（藤井忠俊編『季刊現代史』第九巻、現代史の会、一九七八年）六六～七一頁、一五二～一五七頁。

(25) 「表彰」（『戦友』第四号、一九一一年）。

(26) 「善行」（『戦友』第五三号、一九一四年）。

(27) 蒼洋生「理想の家」（『戦友』第一二八～一三〇号、一九二一年）。

(28) 『山形新聞』一九二二年九月一二日付。

(29)『報知新聞』一九二二年三月一六日付。
(30)郡司前掲書（二〇〇四年）一一三〜一一四頁。
(31)『日日新聞』一九二二年三月一三日付。
(32)一九二五年八月一六日に開催された全道傷痍軍人大会での谷田志摩生の発言（『北海タイムス』一九二五年八月一七日付）。
(33)樋口太郎「傷痍軍人を如何する」（『帝国在郷軍人』一九三二年一〇月号）。
(34)一九二三年一一月八日の項（『大正拾壱年　記録　函館傷痍軍人会』函館市中央図書館所蔵）、函館市史編纂室編『函館市史　通史編第三巻』（函館市、一九九七年）二五一頁。
(35)一九二三年一一月八日の項、一九二三年一月一一日の項（前掲『大正拾壱年　記録　函館傷痍軍人会』）。
(36)一九二四年六月二一日の項（前掲『大正拾壱年　記録　函館傷痍軍人会』）。
(37)『北海タイムス』一九二五年八月一七日付。
(38)児玉秀雄「時代思潮より見たる癈兵院制度」（『後援』第二三七号、一九二二年）。
(39)「感ずべき現役兵と涙の種の癈兵」（『後援』第二四四号、一九二三年）。
(40)東京浅草民政新聞社長・木村彦三郎の発言（残桜会『戦跡旅行記』同会、一九二六年）一〇五頁。
(41)郡司前掲書（二〇〇四年）七九頁。なお、同書の指摘によると、報道等で「癈兵」が「傷痍軍人」に統一されるのは、満州事変以降であるとされている。
(42)「大日本傷痍軍人会会則」（『みくにの華』第一号、一九三七年一月一日）。

第三章　慰霊旅行記にみる「癈兵」の戦争体験

はじめに

本章は、一九二五年に残桜会の主催で行われた慰霊旅行に着目し、旅行を通じて癈兵がかつての戦争にどのように向き合い、自らの戦争体験の意味づけを行ったのかということを明らかにするものである。この旅の目的は、朝鮮半島・「満州」に建立された日清・日露戦争の忠魂碑や納骨堂などを慰霊のために訪れることであり(1)、主な参加者は日清・日露戦争に従軍し、傷病を負った癈兵であった。

第一章でふれた通り、残桜会は、第一次世界大戦後の物価高によって生活に困窮した癈兵が恩給増額と社会的待遇の改善を求めて結成した団体である。一九二三年に成立した恩給法（法律第四八号）は、癈兵団体の要求に沿うかたちで恩給の大幅な増額を盛り込んでおり、癈兵の運動は一定の成果をあげた。戦場跡を巡る慰霊の旅に癈兵が出発するのは、恩給法成立から約二年後の一九二五年四月一三日である。恩給法の成立という一定の成果をあげた後、癈兵団体は共通の運動目標を設定できないまま、内部抗争と分裂を繰り広げていた。慰霊の旅は、そうした運動の衰退のなかで実行された。

以上が慰霊の旅が主催されるまでの経緯であるが、日清・日露の両戦争から約二十年、三十年という歳月を経て、戦場の跡地を訪れた癈兵の心境はどのようなものであったのだろうか。

日清・日露戦争に従軍した兵士の戦争体験を扱った研究としては、戦地からの軍事郵便や日記を分析した研究などがあげられる。とくに、近年の研究では、朝鮮・「満州」での戦場体験から兵士が朝鮮・中国に対する蔑視感と日本の優越感を身につけていたことも指摘されている。(2) だが、戦争犠牲者である癈兵や戦死者遺族の戦争体験について焦点をあてた研究はまだみられない。本章では、癈兵の戦争体験に焦点をあてることにより、戦争犠牲者である彼らの戦争体験と朝鮮と中国に対する「帝国意識」の形成過程との関連を分析し、先行研究に対する新たな取り組みの第一歩としたい。

本章では、慰霊の旅に赴いた癈兵の心境と彼らの置かれた社会的・経済的状況を理解するために、戦地からの帰還後に癈兵が直面した心身の問題に着目することからはじめたい。そこから、癈兵となった後に彼らがどのような人生を歩まなければならなかったのか探りたい。それを前提としたうえで旅行記の分析を行い、かつての戦場で癈兵が何を考え、思ったのか、その心の機微を明らかにし、冒頭の目的にせまることにする。

一　障がい者としての「癈兵」

(1)　歓迎行事からの疎外

日露戦争が終結し、兵士たちの復員がはじまると、それを迎える町村では大規模な歓迎行事が催された。たとえば、第四師団管内では市町村役場が主導して停車場と村端に凱旋門の建設を行い、私設楽隊を置くなど「吏員詰切リ之レカ接待ニ従事シ昼夜熱心ニ歓迎慰藉」を行っている。このような歓迎行事は全国的にもみられており、東北地方を管区とする第八師団でも、「各官民ノ重立チタルモノ又ハ町村団体、学校生徒等ハ孰レモ停車場又ハ村端ニ出迎ヒ煙火ヲ打揚ケ楽隊ヲシテ奏楽セシムル」という出迎えを行っている。(3)

兵士を出迎えた人々のなかには、高揚感が広がっていたようである。各地の歓迎行事の様子を記した憲兵司令官の報告書では、「地方官民共今回ノ戦勝ハ全ク軍人ノ忠勇労苦ノ多大ナリシヲ認メ尊敬信頼ノ念慮ヲ抱キ軽侮厭忌ノ状アルヲ認メス」（第一師団）、「出征軍人ノ忠勇ニヨリ大戦役ノ好果ヲ収メタルヲ感激シ地方官民ハ軍人ノ歓迎其他慰問等熱誠ナル好意ヲ以テ遇シ居レリ」（第二師団）と、日露戦争の「戦勝」に対する高揚や「感激」という心情が、歓迎行事に参加した人々のなかに共有されていたことが示されている。(4)

このような歓迎行事に対して、出迎えられた兵士の側も感銘を受けたようである。歩兵第三八連隊の兵士として奉天会戦に参加した増田与五郎は、一九〇五年一二月二八日に兵庫県和田岬に上陸し、そこから鉄道で京都に帰還した。京都駅に着いたのは一二月二九日の午前六時であった。朝早くにもかかわらず、「駅頭官民諸氏の盛大な歓迎を受け」、隊はそのまま「狂気《ママ》歓呼の群衆」に満ちた烏丸通りへ出た。駅前や烏丸通りでの歓迎を受けて、増田は「私は思はず嬉涙を催した。恐らく吾等の戦友も感激の極私同様の事であつたろうと思はれる」という感想を抱いている。(5)

それに対して、戦場で傷病を負った癈兵は誰にも出迎えられず、一人で郷里に帰還してくるという場合が多々あったようである。戦場で受傷・発症した兵士は、野戦病院まで後送され、前線への復帰の見込みがなければ内地の病院に還送される。そして内地の病院で症状の裁定を受け、兵役に耐えられないと診断されれば、恩給申請の手続きをとった後に除隊することになる。そのため、入院生活が長期化するほど歓迎行事から取り残された。所属部隊と一緒に帰還できず、「凱旋」の高揚感を味わえなかった癈兵は、一連の歓迎行事に沸く社会や人々を複雑な思いでみていたようである。なかでも、その思いは行事の象徴である凱旋門に向けられていた。第二章でふれた辰巳会の機関誌『癈兵之友』には、つぎのような癈兵の声が寄せられている。

少し繁華なる所だと、皆な一時的若くは半永久的の凱旋門を建てゝあるが、我々癈兵に取つては癪の種とこそなれ、一向有り難いことはない。勿論我々癈兵でも凱旋軍人の一人に相違ないから、あらゆる凱旋門は皆な均しく我々癈兵に向つて歓迎の意を表する為め建てられたものと言へば言へぬともないけれども、我々癈兵が目を失ひ、手を切られ、手を断《も》がれて帰つて来た時は一基の凱旋門もなかつたではないか。底《そこ（ママ）》で我々の考へでは、凱旋門　杯《など（ママ）》　早く叩き毀はすか、左もなくば、我々癈兵に対して歓迎の意を表する為め別に病院の前にも一つ位の凱旋門を建てゝ貰はねばならぬ。(6)

凱旋門をくぐることのできなかった癈兵の痛烈な批判である。この意見が掲載されると、同意を示す意見も寄せられた。

「凱旋門に就いて」は大に賛成だ僕は彼の金州南山攻撃より奉天会戦まで前後十数回の激戦に参加し不幸三月七日の激戦に負傷して癈兵となり閉居して居るのである然るに先達て凱旋せる多くの勇士は何れ程勲功のあるお方かと云ふに其大部分は僕等が奉天で負傷して後送となる時僕等の補充兵として満州見物に行かれた

人達で砲声もろくに聞かずに帰つて来ながら地方人が盛大な歓迎をするのに対して自分等が満州を取て帰つた様な顔をして威張つて居るのである実に聞くだに癪の種ではないかッ、クソー(7)

癈兵をよそに歓迎行事に沸く人々も帰還兵士も「癪の種」でしかないというのが、癈兵の率直な思いであった。先の増田の感想と比較しても、その落差は大きい。無事に帰還した兵士と心身に傷や病を負って帰ってきた兵士とでは、帰還に際して大きな感情的落差があったのである。

そのため、『癈兵之友』の「論説」では、「希くば当局者は此悲惨なる癈兵に就き予め充分に満足を与へ得べき丈けの方法を規定されんことを、無論其方法に至ては吾人が容喙するの限りにあらざるも、負傷者以上に否、凱旋兵士以上の優遇法なかる可らずと思惟す」と当局に癈兵を優遇するよう訴えている。さらに、この訴えのあとで、癈兵の払った犠牲に無関心な軍や社会、そして国民について、論説の執筆者はつぎのような批判を展開している。

大なる舞台に大なる軍隊を率て戦ひ、而も接戦少なき砲弾の戦に於て微傷だになき者を最も名誉なる戦勝者となすと云ふが如きは頗る其の当を得ざるものにして、負傷者戦死者は無事帰還せる兵士の身代りとなりし者也、換言すれば実に国家の身代と謂ふべき也、戦争は彼等に依りて勝利を得たるのみ、人は大山、児玉両将軍を呼ぶ、然り戦は帷幄《いあく》の内に在り方寸の中にあり、然れども画策は序幕のみ、千軍万馬、硝煙弾雨、此時に当り一の老耄将軍何の役にか立つべき、戦は強き兵士にあり、一致したる兵士にあり、奮闘更に屈せざる兵士にあり、辛酸些の勇を失せざる兵士にあり、故郷に哀れなる老父母を残したる此兵士にあり、決して馬車を駆つて令嬢を華族女学校に運ぶ肩書付の将軍にあらざる也此兵士にして斃《たお》る、此兵士にして傷く、此兵士にして癈兵となる、国民は尚ほ凱旋兵士を迎ふるに事の厚くして此癈兵を遇することの冷やかなる乎、最早や云はざる可し(8)

大山巌や児玉源太郎らを日露戦争の立役者ともてはやした社会との温度差が、強く表れている。弾雨の降り注ぐ戦場で「奮闘」し、「国家の身代」となって傷ついたということを誇る彼らにとって、「凱旋」してくる兵士の歓迎行事にいそしみ、癈兵に冷淡な社会は受け入れ難いものであった。

しかし、癈兵の批判や要望の声をよそに、日露戦争の終結からほどなくして社会の熱は冷め、癈兵は忘れられた存在となっていった。だが、帰還の際に癈兵が抱いた複雑な心境は、日露戦争から三十年が経過しても消えることはなかったようである。一九三六年、沙河会戦で左手切断の重症を負った陸軍一等卒の田邊庄次郎は、大阪天王寺予備病院から退院した時の心境について、つぎのように語っている。田邊の場合は、まだ戦争が継続しているなか退院し、帰郷した。

武運拙なく独り淋しく隻手凱旋、噫何《ああ》たる不運ぞや。健在の戦友は今尚ほ満洲の野を馳驅し皇軍の声価を発輝して居るのに独り我斯る姿もて郷閭《きょうりょ》の人に目見ゆるのは(9)

この回想からは、左手を失ったことを「不運」と嘆く心情と「健在の戦友」に対する「引け目」がうかがえる。この時の心境は、日露戦争から約三十年が経過しても消えないほど、癈兵のなかに深く刻み込まれていた。

(2) 障がい者として「癈兵」が抱えた諸問題

郷里に帰還した癈兵を待っていたのは、社会の冷淡な反応と障がい者として直面せざるを得ない生活上の問題であった。その一つめが、「戦争の惨禍」を刻んだ身体に対する差別の眼差しである。

自身も視覚障がい者である暁烏敏《あけがらすはや》は、日露戦争後に癈兵が受けた扱いに関して、一九三八年の講演でつぎのような証言をしている。

私の知合ひの方に極く懇意な方ですが、日露戦争の時砲弾の破片をうけて九ヶ所に傷を負うた予備中佐があります。顔に非常に恐しい傷あとがある。その方の話に、これであなた、戦争の後には私でも名誉の戦傷、白衣の凱旋などと大事にせられたのですが、二三年たつて戦争の熱がさめると、あの片輪がいばら蟹のやうな顔をしておると相手にもされなかつたことがあつた。(10)

「戦争の惨禍」を身体に刻んだ癈兵が、どのように受け止められていたのかを示す事例である。「名誉の負傷者」の証であるはずの顔面の傷痕は、人々にとっては「戦争の惨禍」を示すものであり、忌避の対象でしかなかった。なかでも、公衆浴場という場は傷痕が直に晒されるために、利用する癈兵は周囲から奇異の視線で見られた。黒溝台の戦いで凍傷にかかり両足を切断した廣畑二三は、銭湯での出来事について、一九三七年に大日本傷痍軍人会大阪支部が開催した座談会で、つぎのような証言をしている。

その時或立派な大阪の紳士の方、相当な年配の人でありましたが、その方と一緒に這入りました所その方が足を洗つて居るのを見られて、いやな顔をせられました、その時の私の感じといふものは実に如何なる感じがしたか、誠に言語に絶するものがあつたのであります。これはどうしても銭湯に行くといふことは皆様に済まぬ、どうしても自宅で風呂を拵へねばならぬと考へまして、それから以来銭湯といふものには一回も行つたことはありません[11]。

同様の証言は、同じく日露戦争に従軍し、負傷した岩倉正雄陸軍少将も行っている。

手や足や顔などに大きな傷のある傷痍軍人が町の銭湯に行つた時、入浴中の他の客が、其の醜い形に気味を悪くし、自分のからだを洗ふ事もそこ〳〵に、急いで出て行つて仕舞ふ。銭湯の主人が夫れを見て、傷痍軍人に対し、「貴方が私のうちの湯に御出になると、外のお客様が気味悪がるから、私のうちへ入浴に来る事は御遠慮を願へまいか」といつた。と云ふ事は私の屢々《しばしば》聞く事である[12]

廣畑の証言に対し、座談会の参加者からは「只今お話の銭湯で足を見られて卑下されたといふお言葉は、多分癩病患者か何か、さういふやうな風に誤認の結果だらうと思ひます、戦傷者だといふことが分かれば向ふも、さうは感じなかつたゞらうと思ひますがね」という意見が寄せられた[13]。だが、果たしてそうであろうか。

暁烏や岩倉の証言からは、癈兵であろうとハンセン病患者であろうと、傷病の原因にかかわりなく、傷ついた身体そのものが差別対象にされているように思われる。これは、大日本傷痍軍人会大阪支部の座談会で、別の癈兵の「日露役の時には社会の人々の傷痍軍人に対する気受けは両三年は好かつた、傷痍軍人だ癈兵だと言つて呉れて居つたのです、両三年済んでしまつたらもう単に片輪です、それは皆さん覚えがあるだらうと思ひます、誰一人顧みなかつた」という証言からも、明らかであろう。[14] 戦争の熱狂が過ぎれば、傷病の理由にかかわりなく、癈兵は障がい者と同列化され、差別の視線に苦しめられることになったのである。それは、やはり傷病を負った理由が重要だったのではなく、「戦争の惨禍」を刻んだ身体そのものが、ハンセン病患者や障がい者と同様に忌避の対象とされたからであろう。

障がい者となった癈兵に降りかかった二つめの問題は、結婚・家庭問題であった。癈兵・傷痍軍人の結婚問題については、日中戦争以降に「傷痍軍人の結婚斡旋」が援護事業の一つとして取り組まれ、傷痍軍人と結婚する女性は「美談」として称えられた。[15] 日露戦争の癈兵の場合は「結婚斡旋」を政府や援護事業団体が対策として行った形跡は確認できない。だが、癈兵と結婚する「令嬢」や女性を取り上げた小説が「美談」として『癈兵之友』などに発表されており、日露戦争後の時期においても障がい者である癈兵と結婚する女性は、「美談」とみなされていた。そうした小説に対する当の癈兵の感想が、つぎに引用するものである。

是れまで『癈兵之友』に掲げられた小説の主人公及び副主人公は皆勇戦奮闘の結果不具癈人となりたる癈兵其の人であるが悪るく言へば殆ど千篇一律（マサカさうでもないが）良家の令嬢而かも非常な美人が癈兵に対して同情に堪へぬ所から遂に此の可憐の癈兵と夫妻の契を結ぶといふ事に帰着するのである、良家の令嬢が癈兵に対して同情を寄せるのは勿論悪るい所ではない極めて美事である、けれども癈兵と夫婦になる計りが癈兵に対して同情を表する所以ではあるまい、癈兵に対して同情を表する方法手段は此の外幾何もある筈である、我々癈兵が小説家の先生に対して御注意を願ひたいのは此の点であるのです、若し是れまで通り良家の令嬢而も美人が癈兵に同情を表する為め結婚を申込むと云ふ様な事計り書いて貰いますと無妻の癈兵等は皆な急に色男振つて来てめかす事計り考へ出し一向職業に身を入れぬこととなるかも知れません、現に僕も曾て其の一人となつた事であつて、一時は随分おつな気にもなりましたよ(16)

この感想には、小説の世界で描かれていることは「美事」であり、所詮は現実から乖離したものであるという冷静な批判が込められているとみるべきだろう。「良家の令嬢而かも非常な美人」と癈兵が結婚するという小説は、癈兵に一時の「美事」を夢見させこそすれ、彼らが直面する結婚・家庭問題の解決に何も示唆を与えないどころか、現実の厳しさに改めて直面させるだけだったのではないだろうか。上記の感想からは、癈兵と結婚する女性を「美談」と称える風潮に対する、ニヒリズム的な批判も込められていると思われる。

三つめの問題は、軍籍を持たない癈兵は軍人として扱われないことである。第一章でふれたように、癈兵は兵役免除となっているため、基本的に軍籍を有さず、在郷軍人会の正会員にもなれない。だが、兵役義務を果たし、なおかつ戦争で傷痍疾病を負った軍人であるという自己認識をもつ癈兵と、兵籍の有無で機械的に処理をしようとする軍や地方行政機関とのあいだで、待遇をめぐって対立が生じる場合があった。

以下に述べるのは、『癈兵之友』第七号に投稿された滋賀県高島郡の癈兵のケースである。一九〇五年一一月三日の天長節の際、この癈兵の在住の村では「平和克服の勅語奉戴式」が挙行された。式には村内の在郷軍人、神官、僧侶、学校職員、名誉職員が招待されたものの、癈兵は招待されなかったという。その後の経過は以下に引用する通りである。

ソコで癈兵一同の激昂一方ならず村役場吏員に向つて之を詰《〔なじ〕》つて見ると、何うです斯う云ふ怪答があつたのだ、村役場の俗吏先生（書記某）曰くサ、癈兵は最早兵籍を脱して居るのだから在郷軍人でない、在郷軍人でないから招待しなかつた……拙者共はコンナ没分暁漢《わからずや(ママ)》に談判しても駄目だから其の侭引取り其の後村長に向つて談判した処が村長は流石ソンナ馬鹿は云はぬ甘《うま(ママ)》く誤魔化した、其の砌《〔みぎり〕》は何分多忙で招待状の事は書記に一任してあつたから失敬した、が今後は決してソンナ頓馬はさせぬ今度は何うか僕に免じて御勘弁と云ふのです[17]

兵籍簿にしたがって機械的に招待状を出した書記と詰め寄った癈兵のあいだには、軍人の認識をめぐって溝が生じている。さらには、この投稿からみる限り、村長も癈兵に詰め寄られるまでは書記の対応を問題だとは認識していなかったように思える。癈兵にとって、軍人としての待遇を与えない村役場の対応は許しがたいものであったのだろう。この投書者と同じ体験をしたのであろう同地の別の癈兵もつぎのように憤懣をさらけ出している。

咄、我が滋賀県高島郡の当局者は、全体吾々癈兵を国家の厄介物視して居る、未だ嘗て一回の慰問、一個の寄贈だに接した事がない、冷淡と云はうか、薄情と云はうか、寧ろ国家に対する恩義を知らない無血虫といふのが適当である[18]。

癈兵が最も身近に接する行政機関である村役場や町役場に対する不満は、多数の癈兵から寄せられていたようである。『癈兵之友』の編集者は、「本号に採録すべく癈兵諸君の本欄に投書されたるものは逐次仔細に目を通したが、概ね当局者の冷淡を痛罵したものや、落莫たる境遇に不平を漏したるもので、記者も誠に同情の感に堪えないが一々此れを採録することが出来ないので、中で重《おも》なるもの二三編を選んで掲載する事にした」と述べており、こうした不満や批判は決して少数ではなかった(19)。

政府や軍に見捨てられたという「棄民意識」が一九二〇年代に恩給増額・待遇改善運動を高揚させた要因の一つであることは第一章で述べた通りであるが、その底流は早くも日露戦争の直後から癈兵のあいだにみられていた。

なお、癈兵の待遇をめぐっては、癈兵と軍当局のあいだでも軋轢が生じている。第一章でふれたように、癈兵による待遇改善運動が最も高揚した時期の一九二三年二月一〇日、恩給法の成立をにらんだ癈兵の決起集会が東京神田で開催された。全国各地から約八〇〇名が集まったこの大会は、それまでの決起集会のなかでも最大規模のものであった(20)。この時、地方から東京に集結した癈兵は、皇居の「拝観」を当局に要求した。しかしながら、最初に斡旋を求めた陸軍省は「癈兵は軍籍を離脱したものであるからとの理由で〔斡旋を〕すげなく拒絶」したという。代わりに内務省が宮内省に交渉を行い、ようやく二月一二日に「拝観」が実現した。許可を出した宮内省は、「癈兵とて元は立派な軍人であつたから在郷軍人並に取扱ふが相当」という「同情ある見解」を示している。この一連の経緯に、癈兵は「いつもながら陸軍省の官僚式にはあきれる」と「憤慨」した(21)。軍籍の有無が陸軍省の対応を決定づけたのである。陸軍省の対応は、癈兵の軍人としての自負心を損なうものであった。

軍人として扱われないという不満は、癈兵の払った「犠牲」を国家や社会が忘却しているという焦燥感や不満にも広がった。癈兵運動で活躍した一人である木村幸之助は、慰霊旅行の際に、その焦燥感や不満を次のように語っている。木村は二〇三高地で足を切断する重傷を負い、胸部に受けた弾丸はその後も残ったままだという。

我れ等は国家の為め心置きなき迄に戦傷者としての誇りある生活をして居るが世人の一部は平和のあるところ我れ等が鮮血が基礎を固めた夫れを忘れ何かと云へば癈兵かと侮蔑の態度を執るのには些か心に不満を感ずる次第である我等は父祖伝へし大事な体をば所謂万衆の為めには代へられぬと云ふ玉砕主義を執つて斯くは今痛しの姿と成つて居る(22)

「侮蔑の態度」の背景には、日露戦争後に社会問題化した「偽癈兵」や癈兵の「押し売り」によって、癈兵の印象が悪化したことが挙げられるだろう(23)。木村の言葉からは、社会が癈兵の「犠牲」を忘却し、平然と「侮蔑の態度」をとることへの悔しさもうかがえる。

以上みたように、郷里に帰還した癈兵を待っていたのは、「名誉の負傷者」としての喝采や待遇ではなかった。兵役義務を全うし、かつ戦場で傷痍疾病を負った軍人であることを誇りに思う癈兵と、時には軍人としてさえも扱わず、さらには払った犠牲さえも軽視・忘却するという国家・社会とのあいだには埋めがたい溝が生じていた。癈兵は、不自由な身体と貧しい生活、それにくわえて自負心を傷つけられ、どうしようもないやるせなさを抱えて生きていかねばならなかった。それが、多くの癈兵が日清・日露戦争後に辿った歩みであった。そうした思いを癈兵は抱えて、かつての戦場である朝鮮半島と「満州」に赴いたのである。

二 「帝国意識」と戦死者への「負い目」

(1) 「流した血のむだでなかつた」

第一次世界大戦後の物価高は廢兵とその遺族の困窮に拍車をかけ、彼らによる恩給増額・待遇改善運動がはじまった。第一章で述べたように、この運動は、廢兵の鬱積した思いを一気に放出させた。

だが、一九二三年の恩給法成立後は共通の目標の設定ができないまま、会の内部抗争と分裂に明け暮れ、運動は衰退の一途を辿っていた。そのような状況下で敢行された慰霊旅行について、残桜会理事長・追悼旅行団長である退役陸軍歩兵中佐の田邊元二郎は、「戦没戦友拝礼」と「国民精神振興」の二つを旅の目的としてあげている[24]。残桜会にとって「戦没戦友拝礼」は、衰退する廢兵運動のなかで見出した新たな目的でもあった。

旅行に参加した廢兵らは、到着した先々で盛大な歓待を受けた。一九二五年四月一三日に東京駅を出発した一行は、釜山、大邱、京城（ソウル）を経由し、四月一八日に平壌に到着した。途中で立ち寄った釜山と京城でも一行は盛大な出迎えを受けている。なかでも、京城では官民合わせての歓待が行われた。一行のために、旅館組合・人力車組合は料金の割引を決め、在郷軍人会・愛国婦人会は市内の案内と昼食の弁当の用意を担い、朝鮮軍司令官からは「土産物」として「金一封」が出されたという[25]。

午前五時過ぎに平壌駅に着いた廢兵ら一行は、早朝にもかかわらず、在郷軍人会、愛国婦人会、憲兵隊、在朝日本人の有力者らに出迎えられている。軍隊は廢兵のために軍用自動車を派遣し、商業会議所と公会堂に一行を送りとどけた。行き着いた先の商業会議所と公会堂では、愛国婦人会が一行のために朝食を整えているという歓待ぶりであった[26]。軍の対応などをみても、日本国内とは大きな差である。一種のショーウィンドウ的ケースとして、現地軍も日露戦争後にほぼ初となる癈兵団体の慰霊旅行を後押しをしていたのであろう。彼らは、この歓待について、在朝・在満日本人の「熱誠」や「愛国心」の強さの表れと受けとっていた。「国防の第一線に活躍される」在朝・在満日本人は、「文弱驕華《ぶんじゃくきょうか》」に流れやすい日本国内に比べ、常に「緊張」を強いられているため「熱誠」や「愛国心」が強く、それが日本国内との待遇差の背景にあると癈兵はみていたようである[27]。

奉天会戦で砲弾による傷を負い、二〇カ月の入院生活を送ったのち一九〇六年一〇月に「淋しく家人に護られて家に還つた」という中村中郎（退役陸軍歩兵少佐・残桜会理事）は、旅先での盛大な歓待に過去を重ね、以下のような感想を抱いている。

脚一歩朝鮮に入り歓迎の盛なる時、我等癈兵や遺族が始めて国家犠牲者のそれであることを自覚して自重せねばならぬと感謝の涙にくれた。〔中略〕凱旋当時熱狂的歓迎は、啻人の口より聞くのみであつたが今回の旅行に由つて到る処の歓迎特に大連官民御一同の熱誠なる歓迎に対して、曾《かつ》て聞く凱旋歓迎を味はふて歓喜に堪へず衷心深く感謝する所である[28]。

旅先で彼らが受けた歓待は、日清・日露戦争当時の「凱旋」を彷彿させるものであった。一人孤独に退院・帰郷した癈兵は他の兵士のように「凱旋」を味わうことができず、それが彼らの心に長年にわたって「引け目」として残っていた。朝鮮や「満州」で受けた盛大な出迎えは、癈兵の過去の「引け目」を払拭する役割を果たしている。

自身も日清戦争で右足を負傷した団長の田邊元二郎は、旅先で受けた歓待について、つぎの感想を述べている。

釜山上陸後到る所で意想外に熱烈な歓迎を受けて一行は今更乍ら自分達が祖国のために流した血のむだでなかつたことを痛感した様でした。事実廃兵に取つて彼等が日本国民のために犠牲になつたのだといふ事を一般国民から感謝される程嬉しい事はないのです国民の脳裡に廃兵といふ者が忘れて居ないといふ事実を今度の諸所で行はれた盛大なる歓迎によつて深く烙印された一行は非常に満足がつて居ました(29)

この感想からは、日本国内との待遇差に感銘を受けた様子がうかがえる。朝鮮・「満州」での官民の対応は、廃兵の払った「犠牲」に「敬意」と「感謝」を捧げ、彼らを「名誉ある軍人」として丁重にもてなすというものであった。

在朝・在満日本人の一連の対応は、廃兵に自らの払った「犠牲」が「むだでなかつた」ことを「痛感」させるに至っている。こうして、日本国内で自負心を傷つけられ、どうしようもないやるせなさを抱いて生活しなければならなかった廃兵は、朝鮮・「満州」で自分の存在価値を再認識したのである。このことは、廃兵の戦争体験の意味づけ方にも影響を与えていくことになる。

(2) 戦争体験の位置づけと「帝国意識」

慰霊旅行で訪れた場所のなかでも、日露戦争の激戦地の一つである旅順は、廃兵にとって特別な場所の一つであった。日露戦争が終わって間もなく、東郷平八郎海軍大将と乃木希典陸軍大将の主唱で、旅順地域の白玉山頂の砲台跡地に納骨堂と忠魂碑を建設する運動が始まった。納骨堂が完成したのは、一九〇八年三月であった。つづいて忠魂碑が「表忠塔」と名称を変えて完成し、一九〇九年一一月には除幕落成式が行われた。「表忠塔」は高さ約六五メートルにも及ぶ巨大な碑であった(30)。

一行は、白玉山の納骨堂に参拝した後、二〇三高地に赴いている。足の不自由な癈兵は兵士の担ぐ担架に乗せてもらい、「有難い〱と涙を溢して感謝した」という。二〇三高地に癈兵団体が赴いた時の様子が以下のものである。

　雨宮さんは、「僕の片腕を取られた所があるから」と云ふので裏側から登る其中腹に、乃木保典君戦死の跡と云ふ碑がある。一同敬礼をして、岩角を登つて行くと雨宮さんは、「此処だ！　此処だ！」と一ツの岩角に立つて其岩に抱きついて、涙をボロ〱溢して居る。此の凹みが命の親だよ！　と感慨無量である(31)

往時を思い出し、過酷な激戦を生き残ったという実感をかみしめて、「感慨無量」に浸る癈兵の姿が記録されている。

また、癈兵は自分たちが戦った戦場の変化も目のあたりにすることになる。つぎの感想は、旅順で貫通銃創を負い、左手の自由を失った奈良県の石田富三郎のものである。

　然し二十年後初めて足を踏入れた私には、あの寒き広漠の原野に寂しく冷たく眠つてゐる戦死者が唯恨めしく泣いて居はしないかと思つて居たのでありました。然し此の観念は直に裏切られたのです二十年〔有ヵ〕

余年前、荒寥としたあの原野は、実に美田と変じ美畑と化し、豚の糞臭気芬々としてゐたあの村は町となり、町は市となり、煉瓦造りの家は堂々と立ち並、道にはコンクリートが敷かれ、而してその美田と美畑と美市街との実権は殆ど総て、戦死者の同胞人が握つてゐるのでありました。(32)

日露戦争当時と比較して、旅順周辺が格段に「発展」を遂げたことへの率直な「感動」が綴られている。石田は、そのことを「第二の文化日本を現出しやうとしてゐる」と表現し、旅順の「日本化」を歓迎している。(33)その「第二の文化日本」を築き上げているのは戦死者の同胞である日本人であり、慰霊旅行団を「熱烈」な歓待で迎えた在満・在朝日本人であった。石田は、在満日本人の「活躍」を旅順の街で実際に見ることで、日露戦争による「勝利」の結果、旅順の「発展」がもたらせられたことを、あらためて実感したのである。

戦場の変化に対する驚きは、他の癈兵の感想からも見受けられる。奉天会戦で負傷し、癈兵となった中村法隆は、僧侶として「戦友諸士の英霊を慰めつゝ、戦跡を巡回訪弔」するなかで、「今日各々戦跡に於て其の戦後の影は殆んど面目を更新せられたり」と述べている。(34)東京浅草民政新聞社社長の癈兵木村彦三郎は、残桜会の会員の一人として参加した今回の旅行で「満州に於ける満鉄の事業の盛大さ」を目のあたりにし、「我植民地事業の発達を眼前に見る喜悦は申す迄もない」との感想を抱いている。(35)

このような感想からは、日清・日露戦争当時から戦地として朝鮮・中国を踏みにじっているという罪悪感をうかがうことはできない。日清・日露の従軍体験で朝鮮・中国に対する蔑視感と日本の優越感を身に着けた癈兵は、同地の「発展」を目にすることで「文明国」日本による朝鮮・中国の支配の「正当性」を改めて実感し、「帝国意識」を強固なものにしている。さらに、日本国内で不遇をかこっていた癈兵にとって、朝鮮・「満州」は自らの存在価値を再認識させてくれた場所でもあり、同地の「発展」は、自分たちの払った「犠牲」の価値を証明するものでもあった。癈兵の感想からは、総じて癈兵が自らの戦争体験を朝鮮・「満州」の「権益」を獲得するためのものであったと意味づけていることが読み取れる。

(3)　戦死者への「負い目」

さらに、癈兵の戦争体験で重要な位置を占めるのが戦死者の存在である。先の石田富三郎は、「戦後既に二十有余年経過したとは言へ、何時か機会あれば、渡満して親しく亡き戦友を弔ひせめて一時でも、その往時を泌々と思ひ出してやり度いと思つて居た」ため、今回の残桜会主催の旅行を知り、すぐに参加を決めた。彼は、旅行前に郷党の遺族の協力を得て戦死者の氏名と戦死した場所を調べ、旅行団に随行していた僧侶にそれを伝えて供養してもらっている。

その石田の感想からは、旅順は自分たち癈兵や戦友の血で贖った場所であるという強い認識がうかがえる。旅順の実権を「同胞」たる日本人が握ることは、石田にとって当然の行為であった。その石田が思い描く戦死者への「供養」は、つぎのようなものである。やや長いが引用しよう。

真に完全なる満足と、安心と、瞑目とは、私達が彼等を心から弔ひ思ひ出すこれより以上に、彼等の血を流し骨を晒した其の場所を、永久に他の人類に穢されることなく永久に、戦友の同胞の文化帝国を建設仕上げた暁にのみ存するものであると私は信ずるのであります。又責任であると私は痛切に感ずるのであります。国民よ！。

何をうぢよ〳〵してゐるのだ。

海の彼方に国があるぞ！

広い無限の天地があるぞ！

そこには、お前の兄が、お前の父が。

尊い懐しい墓と花園とを造つておいたのだ。

血と肉と骨とを大地に埋めて何物にもかへ難い尊い命の種子を蒔いておいた天地なのだ。

行け！　行け！

朝鮮へ満州へ！

そして父の墓の麓に、自分の骨を埋めよ！

簡単ですがこれが私の感想であります。一癈兵の真実の心の奥の奥底から湧き出た感想であると信じてください。(36)


石田にとっての「供養」とは、「其の場所を、永久に他の人類に穢されることなく永久に、戦友の同胞の文化帝国を建設仕上げた暁にのみ存する」のであり、彼はそれを「責任」とも捉えている。

石田が戦友の供養を依頼した僧侶の一人である先の中村法隆も、「尚南満州の地が若し我が戦友の将卒諸士が殉難せし犠牲の代償である以上は濫りに此の既得権を放棄し得らるべきものにあらず、満州は我が帝国の宝庫の一とも云ふ可き地なり」という思いを抱いている。(37)戦死者への強い思いが、癈兵の「帝国意識」をより強固なものにしているのである。

このような戦死者への強い思いの裏には、「生き残った」ことへの「負い目」の存在があげられる。残桜会の評議員であり、元陸軍歩兵一等卒の矢崎栄吉は、日清・日露のいずれかは不明ながら、右腕を失い癈兵となった。矢崎は、一九二三年二月一〇日の恩給増額・待遇改善を求めた癈兵団体の決起集会の際にも、集まった八〇〇余名の癈兵の前で「われら癈兵としては今日の運動こそ実に生命に関する大問題であるのだ」と叫び(38)、奮起を呼びかけるなど、癈兵運動の指導者の一人として運動に積極的に取り組んでいた人物である。その矢崎の慰霊旅行の感想が以下のものである。

満鮮の原野に巍然《ぎぜん》として聳ゆる、忠魂碑並に納骨祠を、参拝するにつけ生き残つた吾等は不甲斐なさを、慚愧すると同時に、尊き幾多の英霊を弔ひ忠烈無比の武勲を、後世に伝へ光輝あらしむるは、吾人戦友の責務であると信ずるのでありま す(39)

矢崎の感想からは、戦死者に対する「弔ひ」と同時に「生き残った」ゆえの「負い目」が見受けられる。さらに、彼は各地の忠魂碑や納骨堂を参拝して歩くにつれ、「負い目」を強くしているようである。それは、「生命に関する大問題」として大々的に打ち上げた癈兵運動とは対照的である。待遇改善を求めて立ち上がった癈兵運動は、「生き残った」彼らが自らの自負心と存在価値をかけて戦った運動であり、「補償」を求めて国家の責任追及を行うなど、勢いにあふれていた。だが、「表忠塔」と納骨堂を前にして、癈兵運動の指導者である矢崎は、タテマエであったとしても自分たちの存在を「不甲斐なさ」という言葉を用いて表現している。兵役義務を全うし、かつ戦場で傷痍疾病を負った軍人であることを誇りに思う癈兵の自負心は、戦死者の前では「負い目」に代わっている。この「生き残った」という「負い目」が、戦友の死を「意味あるもの」として意味づけなければならないという「強迫観念」となり、廢兵に圧しかかっているのではないだろうか。

以上のように「帝国意識」に強く彩られた廢兵の戦争体験の位置づけは、戦死者に対する「負い目」によって、さらに確固たるものになっていったのである。

おわりに

日清・日露戦争の廢兵は、戦争の熱気が冷めるに従い、国家や社会から存在を忘却され、軍人としての待遇も受けることができなかった。不自由な身体を抱えての貧しい生活に加え、自負心を傷つけられた廢兵は、どうしようもないやるせなさを抱えて生きていかねばならなかった。

その彼らが自己の存在価値を再認識し、自負心を満たすことができた場所が、朝鮮と「満州」であった。同地では、日本国内とは異なり、廢兵は「名誉の軍人」として迎えられた。さらに、かつての戦場の「発展」を目にすることで、廢兵は自らの払った「犠牲」の価値を実感することになった。こうしたことから、総じて廢兵は自己の戦争体験を「満州」・朝鮮の「権益」を獲得するためのものであったと意味づけることになった。そして、「帝国意識」に強く根差した廢兵の戦争体験をさらに強固なものにしていたのが、「生き残った」が故に抱えることになった戦死者への「負い目」であった。戦友の死を「意味あるもの」としなければならないという思いは、廢兵に「強迫観念」として圧しかかり、彼らの「帝国意識」はより強固なものとなっていったのである。

以上のような廢兵の戦争体験の位置づけ方からは、アジア太平洋戦争に従軍した元兵士のように、戦争の評価をめぐる葛藤を抱えながらも、戦場の「悲惨さ」と平和の尊さを訴えるという傾向はうかがえない。自己の戦場体験や戦友の死に正面から向き合い、戦争の本質について突き詰めて考えるという、アジア太平洋戦争の元兵士が行った試みは、日清・日露戦争の癈兵の場合には「帝国意識」という壁に阻まれ、十分には果たされなかった。その結果、日清・日露戦争の戦死者は、戦争の「悲惨さ」を象徴する存在ではなく、「帝国意識」を支える存在として、戦友であり同じ戦争犠牲者でもある癈兵の手によって位置づけられることになった。そして、この戦争犠牲者や戦争体験の位置づけは、満州事変以降の排外主義のなかで日本社会により強く共有されていくことになったのである。

注

（1）関東庁警務局長「残桜会主催満韓戦死者追悼旅行ノ件」（一九二五年三月二七日、『癈兵関係雑件』大正一四年、外務省外交史料館所蔵）、田邊元二郎「感激の旅行を終りて感謝辞」（残桜会『戦跡旅行記』同会、一九二六年）一頁。

（2）日清・日露戦争の兵士の戦場体験を扱った研究としては、大江志乃夫『兵士たちの日露戦争――500通の軍事郵便から』（朝日新聞社、一九八八年）、松崎稔「兵士の日清戦争体験」（檜山幸夫編『近代日本の形成と日清戦争』雄山閣出版、二〇〇一年）、荒川章二「規律化される身体」（小森陽一ほか編『岩波講座　近代日本の文化史4　感性の近代』岩波書店、二〇〇二年）、大濱徹也『庶民のみた日清・日露戦争』（刀水書房、二〇〇三年、『明治の墓標「日清・日露」――埋もれた庶民の記録』秀英出版、一九七〇年を改題）、大谷正『兵士と軍夫の日清戦争』（有志舍、二〇〇六年）などがあげられる。

（3）「凱旋軍隊ノ情況並軍人ノ行動及解除帰郷後ノ動静等ニ関スル憲兵司令官ノ報告」（陸軍省編『明治卅七八年戦役陸軍政史』〔復刻版〕第九巻、一九八三年、湘南堂）五〇二～五〇五頁。

（4）同前、四九九～五〇二頁。

(5) 増田与五郎『日露戦役従軍日誌』(謄写版、一九三七年、国立国会図書館所蔵)一五八〜一六〇頁。
(6) 一癈兵「凱旋門に就いて」(『癈兵之友』辰巳会、第四号、一九〇六年)。
(7) 西江州義眼生「凱旋兵士に就いて」(『癈兵之友』第五号、一九〇六年)。
(8) 香吐生「戦争と癈兵」(『癈兵之友』第四号、一九〇六年)。
(9) 中島定次郎編『回顧録・日清日露戦役上賀茂村出身者』(帝国在郷軍人会上賀茂分会、一九三六年)一二四〜一三〇頁。
(10) 暁烏敏「精神復興の元気」(厚生省編『傷痍軍人に捧ぐ』同省、一九三八年、高橋淳子・平田勝政解説『知的・身体障害者問題資料集成』第一二巻、不二出版、二〇〇六年所収)。
(11) 「大日本傷痍軍人会大阪支部座談会に於ける体験談の一部」(大日本軍人援護会『傷痍軍人成功美談集』同会、一九三八年所収、サトウタツヤ・郡司淳編『編集復刻版　傷痍軍人・リハビリテーション関係資料集成』第三巻、六花出版、二〇一五年所収)。
(12) 陸軍少将岩倉正雄「過去傷痍軍人の状態に鑑み将来傷痍軍人となるべき諸士の心得に就て」(前掲『傷痍軍人に捧ぐ』、前掲『知的・身体障害者問題資料集成』第一二巻所収)。
(13) 前掲「大日本傷痍軍人会大阪支部座談会に於ける体験談の一部」。
(14) 同前。
(15) 生瀬克巳「15年戦争期における《傷痍軍人の結婚斡旋》運動覚書」(『桃山学院大学人間科学』第一二号、一九九七年)、高安桃子「戦時下における傷痍軍人結婚保護対策」(『ジェンダー史学』第五号、二〇〇九年)、藤原哲也「戦争と障害者の家族」(山下麻衣編著『歴史のなかの障害者』法政大学出版局、二〇一四年)。
(16) 東江州一癈兵「小説家先生に注文」(『癈兵之友』第五号、一九〇六年)。
(17) 義眼生「郡村当局者の冷淡」(『癈兵之友』第七号、一九〇六年)。
(18) 西江州一癈兵「咄、滋賀県高島郡の当局者」(『癈兵之友』第九号、一九〇六年)。
(19) 「記者涯星」名での編集後記(同前)。
(20) 『東京朝日新聞』一九一三年一月一一日付、夕刊。

(21)『東京日日新聞』一九二三年二月一三日付。
(22)「戦友の霊を弔ひ満鮮の戦跡をたづねる為め残桜会員八十余名来安す」(『安東新報』日付不明、前掲『戦跡旅行記』収録)三五頁。
(23)吉田裕「日本の軍隊」(『岩波講座　日本通史　第17巻　近代2』岩波書店、一九九四年)一六一頁。
(24)前掲田邊「感激の旅行を終りて感謝辞」(前掲『戦跡旅行記』)三頁。
(25)峰田一歩「鮮満旅行の感想」(前掲『戦跡旅行記』)一〇八～一〇九頁。
(26)前掲『戦跡旅行記』二七～二八頁。
(27)前掲田邊「感激の旅行を終りて感謝辞」(前掲『戦跡旅行記』)三頁、矢崎栄吉「吾人の希望」(前掲『戦跡旅行記』)一三六頁。
(28)中村中郎「旅行所感」(前掲『戦跡旅行記』)八三～八四頁。
(29)「戦友を偲び倒れし野を眺め感慨無量の涙を呑む」(『満州日日新聞』日付不明、前掲『戦跡旅行記』収録)六一頁。
(30)原田敬一「慰霊の政治学」(小森陽一・成田龍一編『日露戦争スタディーズ』紀伊國屋書店、二〇〇四年)二二四頁。
(31)筆者不明、前掲『戦跡旅行記』六五頁。
(32)石田富三郎「追悼旅行参加所感」(前掲『戦跡旅行記』)九一頁。
(33)同前、九三頁。
(34)中村法隆「追悼旅行の感想」(前掲『戦跡旅行記』)一三七～一三八頁。
(35)木村彦三郎「民政新聞」(『民政新聞』日付不明、前掲『戦跡旅行記』収録)一〇五頁。
(36)前掲石田「追悼旅行参加所感」(前掲『戦跡旅行記』)九四～九五頁。
(37)前掲中村「追悼旅行の感想」(前掲『戦跡旅行記』)一三七～一三八頁。
(38)『東京朝日新聞』一九二三年二月一一日付、夕刊。なお、矢崎は決起集会が行われた一九二三年二月には残桜会の評議員となっており、癈兵運動の中枢にいた人物であると考えられる(作成者不明「癈兵谷田志摩生一派ノ内訌ノ件」一九二三年二月二一日、『大正十二年公文備考　巻五　官職』防衛省防衛研究所所蔵)。

(39) 前掲矢崎「吾人の希望」(前掲『戦跡旅行記』)一三六～一三七頁。

第四章　増加恩給獲得運動と傷痍軍人特別扶助令

はじめに

本章では、一九二〇年代から三〇年代にかけて展開された「一時賜金癈兵」による増加恩給支給を求めた運動を国家との関係のなかに位置づけることを目的とする。

第一章で論じた通り、一九二三年に恩給法が成立して以降、癈兵運動は内部抗争に陥り、将校を主体とする帝国傷痍軍人会と下士官・兵を主体とする帝国癈兵連合会へと分裂し、運動は停滞の一途を辿っていた。代わって一九二〇年代後半から台頭してきたのが、比較的軽症で増加恩給の支給対象から外された一時賜金癈兵による増加恩給を求めた運動であった。

兵役義務履行に伴い傷痍疾病を負った人々には、軍人恩給法に基づき国家から免除恩給（一九二三年の恩給法では普通恩給）と増加恩給が支給された。だが、同じく傷痍疾病を負いながらも、増加恩給を支給されない者が存在した。比較的軽症のため増加恩給の支給要件を満たさず、免除恩給も支給されない者には、賑恤金《しんじゅつきん》という一時金のみが支給された。[1] 彼らはのちに「一時賜金癈兵」と呼ばれた。[2] さらに、なんらの恩給も受け取ることのできなかった癈兵は、「無償癈兵」と呼ばれた。兵役義務履行に伴う傷痍疾病を負いながらも、傷痍疾病の原因や程度などの要因によって、恩給制度における待遇は異なっていた（前掲表序‐1参照）。

なお、「癈兵」とは、一九二七年一〇月に陸軍省が出した見解によると、戦闘または公務に基因する傷痍疾病によって「不具癈疾」となり、増加恩給を受給する者を指す。つまり、戦闘または公務に基因する傷痍疾病によって退職または兵役免除となった者でも、「不具癈疾」の程度に達しない比較的軽症の一時賜金癈兵は、厳密には「癈兵」に含まれない。[3]「癈兵」と認められない一時賜金癈兵は、増加恩給の支給や軍人傷痍記章の授与もなされない。一九二三年に癈兵運動の影響を受けて成立した恩給法においても、その待遇は変化しなかった。

一章では増加恩給を受給する癈兵の待遇改善運動について論じたが、本章では一時賜金癈兵による増加恩給を求めた運動を主たる分析対象としてとりあげる。「癈兵」として認められていなかった一時賜金癈兵は、増加恩給を受給する癈兵以上に恩給制度の矛盾や欠陥を体現した存在であり、その戦争体験の意味づけをめぐって、国家・社会との間により強い緊張関係を生み出さざるをえない素地を有していた。その最も象徴的な例が一九三一年に一部の急進派によって決行された断食祈願である。まずは癈兵をめぐる制度に着目し、一時賜金癈兵が生み出された経緯を明らかにしたうえで、彼らの言動や行動の分析にうつりたい。

一　恩給制度・軍事援護制度の問題点

恩給制度は、軍事功労者に対する年金制度と兵役義務履行に伴い経済的・肉体的な犠牲を払った者に対する補償制度の二つの柱からなっている。この制度は、一八九〇年に法律第四五号として制定された軍人恩給法が恩給の受給を「権利」として明示したことによって確立をみた(4)。この法律の運用にあたって症状の査定に用いられたのが、一八九二年に陸軍省陸達第九六号として発布された陸軍軍人傷痍疾病恩給等差例（以下、等差例と略）であった。この等差例が、増加恩給を受給する癈兵と一時賜金癈兵との間に線引きをしていたのである。

等差例であげられている症例をみてみよう。たとえば、増加恩給（症状に応じて最重症第一項から最軽症第六項にわかれている）に該当するものとして「支肢ノ運動ヲ廃シタルモノ若クハ其運動ヲ大ニ妨クルニ至リタルモノハ第五項若クハ第六項トス」という症例があげられている。それに対して、賑恤金（同じく症状に応じて最重症第一款から最軽症第五款にわかれている）に該当する症例としては「支肢ノ運動ヲ妨クルニ至リタルモノハ第一款乃至第五款トス」という例があげられている。年金である増加恩給の最軽症と一時金である賑恤金の最重症の間の差は「大ニ妨クルニ至リタルモノ」と「妨クルニ至リタルモノ」の違いである。しかし、等差例は、日本が本格的な近代戦を経験する前に策定されたため、この違いを明確に判断する症例の蓄積に乏しかった。

初の対外戦争である日清戦争の際、陸軍省医務局は傷項等差類例という冊子を編纂・頒布し、現場の軍医が傷病者の症状を査定する際の参考資料とするように指示を出した。しかし、現場では「其載スル所ノ類例甚タ少数ニシテ参考ノ資料トナスニ足ラサル」という有様であった。つぎの日露戦争では、日清戦争で蒐集した症例を加えた冊子を編纂し、開戦前に医務局から各留守師団軍医部へ頒布した(5)。だが、日清戦争は戦死者よりも戦病死者の多かった戦争であったため、機関銃をはじめとする近代的な兵器が戦場の主役となった日露戦争に対応する症例は十分に蒐集できなかった。日露戦争では、負傷者のほとんどが銃創・砲創によるものであった。そのため、日露戦争でも、現場の軍医は症例に乏しい等差例をもとに恩給の裁定に当たらねばならなかった。さらに、日露戦争では動員兵力は一〇〇万を超えており、負傷者・病者の数は、動員兵力二四万弱の日清戦争の比ではなかった。その結果、「数万ノ傷病者各症各異繁雑錯綜殆ント際限ナキ機能障碍ニ対シ其診断及策定ヲ誤ラサルカ如キ者ヲ得ル至難ナリ」、「各師団ニ於ケル策定区々トナリ容易ニ均等ニ至ラス」という状況が生じた。(6)千差万別の症状を示す数万人の患者を、乏しい症例をもとにつくられた判断基準に無理やりあてはめ、恩給裁定を図ったことが現場の混乱を生んだのである。(7)

このようにして下された恩給裁定に対して、不満の声があがるのは必然であった。一九二六年には、「現時ノ多クハ六項ノ恩給ニ浴セル癈兵ヨリ第十四条一款該当者（賑恤金受給者の最重症者）ニハ日常起居動作ニ極メテ不便不自由ヲ感ズル癈兵多キハ確カニ現時ノ有様ナリ」として「白紙一枚ヲ容ル、寸間」で増加恩給の受給から洩れた一時賜金癈兵が、増加恩給の支給を求める請願を提出している。(8)だが、増加恩給の受給には、請求期間という壁が立ちはだかっていた。

軍人恩給法第一一条では、恩給をすでに受給している者、または現役を離れた後に症状が重症化した未受給者について、期間内に検査を出願した場合、「策定ノ上相当ノ恩給ヲ給ス」と定められていた。その期間は、「一眼ヲ盲シ若クハ一肢ノ用ヲ失フニ至リタル者若クハ之ニ準スヘキ者」は、現役を離れた日から二年、「一肢ヲ亡シ若クハ二肢ノ用ヲ失ヒ若クハ両眼ヲ盲シ若クハ二肢以上ヲ亡スルニ至リタル者若クハ之ニ準スヘキ者」は、同じく三年であった。

この再審査期間の短さについては、第四五回帝国議会に政府が提出した「増加恩給等ノ増額ニ関スル法律」（一九二二年三月二九日公布、法律第一八号）の審議の際にも批判が起きていた。一九二二年三月二〇日の第四五回帝国議会衆議院予算委員会では、政友会所属の委員から、再審査期間の年限撤廃を求める意見が出された。日露戦争に第三軍参謀として出征し、予備役編入後に政友会所属の代議士となっていた津野田是重も、その一人であった。津野田は、旅順で左手上膊《じょうはく》（腕）に貫通銃創を受けて除隊した元兵士が長年胸部の痛みに悩まされていたため昨年X線検査を行ったところ、胸部から弾丸が発見されたという話を紹介し、つぎのように年限の撤廃を求める質問をしている。

遂ニ其者〔左手上膊（腕）に貫通銃創を受けて除隊した元兵士〕ハ前ノ職ニモ就ケズ、全ク癈兵トナリマシテ、病気ニ苦ンデ居ル訳デアリマス、然ルニ其者ニハ増加恩給ハ一文モ無イ、実ニ法ノ不備、軍医ノ不深切《ママ》ナルガ為ニ、斯ウ云フ結果ニナッテ居リマスガ、是等ハ御審査ニナラヌノデアリマスカ

これに対する入江貫一内閣恩給局長の答弁は、つぎの通りである。

盲貫銃創ニ依ッテ弾丸ガ肋骨ノ辺ニ止ッテ居ルト云フコトハ其例ハ承知シテ居リマス、実ニ気ノ毒ナ事ト存ジマスルガ、現行法上ニ於キマシテハ如何トモ致スコトガ出来マセヌノデアリマス、是等ノ不備ハ出来得ベキダケ救済シタイト云フ考ヲ持チマシテ、先程申上ゲマシタ通リ、相当年限内ニ二診デモ三診デモ致シタイ考ヲ持ッテ居リマスガ、併《〔シカシ〕》ナガラ既ニ現行法上ニ於テハ、戦争当時ノ負傷後何等申出モナク経過致シマシタモノハ御気ノ毒デハゴザイマスガ、如何トモスルコトガ出来ナイノデゴザイマス

「御気ノ毒」と同情を示しながらも、年限の撤廃には消極的な態度を示している。

つづいて、同じく政友会所属の金光庸夫が質問に立ち、津野田同様に日露戦争で貫通銃創を負った元兵士の事例を挙げて、「負傷ニ原因シテ死ンダ場合ニハ、立派ニ負傷ニ依ルヤ否ヤト云フ診断ガ出来テ、サウシテ癈疾ニ類スルヤウナ者ニ対シテハ、二年三年ヲ経過シタ為ニ、負傷ニ原因スル者デアルヤ否ヤト云フ区分ガ付カナイト云フ理由ハナカラウト思フ」と年限の撤廃を強く求めた。

だが、金光の質問に対しても入江は、「〔年限の撤廃・延長について〕再考致シテ見テモ宜シイカト思ヒマス、デゴザイマスガ、私ト致シマシテハ十年二十年ト経チマスト、其間ノ正確ナ判断ガ付キ悪イト云フコトヲ恐レテ居ル次第デアリマス」と答弁し、あくまで年限の制限に固執する姿勢をみせた(9)。年数を経たことによって公務による負傷・疾病の判別がつきにくくなり、増加恩給の支給対象者が拡大することを入江は恐れたのである。

結果、次の第四六回帝国議会で制定された恩給法（一九二三年四月一四日公布、同年一〇月一日施行）には、退役後五年以内に「不具廃疾」となり、五年以内に請求した場合に増加恩給を支給するという新たな年限が設けられた。一九二三年二月一二日の衆議院恩給法案特別委員会において恩給法案の説明に立った入江は、「今日ノ医学上デ略々五年位ノ病気ノ変化ナラバ診断ガ付クデアラウ」と延長期間を五年とした理由について述べている(10)。年限が若干延長されたものの、これにより症状が悪化した日清・日露戦争をはじめとする過去の戦争の傷病者の大部分は、あらためて増加恩給の支給対象外とされたのである(11)。

以上のように、国家財政の負担を軽減するため、すべての傷病者を増加恩給の支給対象とせず、症状基準と再審査期間を設け支給に制限をかけたことが、一時賜金癈兵と呼ばれる癈兵の存在を生み出した原因であった。

また、恩給制度や軍人給与を補完するための軍事救護法も、一章でふれたようにその運用には多くの問題を抱えていた。とはいえ、増加恩給を受給できない一時賜金癈兵にとって軍事救護法は、生活困窮に陥った場合に救護を求めるための重要な法律であった。しかしながら、同法では全ての兵役を免除となった者に救護対象者を限っていたため、一時賜金癈兵のなかには救護を受ける資格要件を満たさない者もいた。一時賜金癈兵のうち軽症の者は全ての兵役を免除されず、一種以上の兵役免除（たとえば現役から予備役・後備役・国民兵役などに編入される場合を指す）と判断される場合があった。[12] この一種以上の兵役免除にとどまった者が、同法の対象外とされたのである。農山漁業に従事する者や、とくに手先の技術を必要とする職人などは、軽症のため一種以上の兵役免除者にとどまっても、労働に支障をきたす可能性があった。しかし、一種以上の兵役免除と判断された以上、そうした人々は労働が不可能になった場合でも、軍事救護法の適用を受けられない。事実上の救貧法である軍事救護法においてさえも救護対象とならない可能性がある限り、同法も一時賜金癈兵の十分な受け皿とはなりえなかった。

このように、恩給制度と軍事救護法は、双方ともに幾重にも基準を設けて恩給支給対象・救護対象を限定するという構造になっていた。いわば、一時賜金癈兵はこうした差別構造から生み出された存在であった。一時賜金癈兵がこの構造に不満を抱えて起こした行動が、つぎにみる増加恩給の支給を求めた運動である。

二　「一時賜金癈兵」による運動

一九二九年一一月一四日、浜口雄幸内閣のもとで兵役義務者及癈兵待遇審議会（以下、審議会と略記）が設置された。この審議会が設立された背景には、山本和重が指摘するように、「兵役義務に対する見返り的保障の社会的要請、とりわけ、〔兵役〕負担の不平等を原因とする軍・民の離間、反軍思想や社会主義運動の展開」という当時の社会状況があった[13]。政府は、徴兵制度の維持のためにも兵役義務者らの待遇改善策を講じる必要性を痛感し、審議会の設立に踏み切ったのである[14]。

審議会の設置にもっとも期待をかけたのが一時賜金癈兵である。彼らは「全国一時賜金癈兵連合会」（以下、連合会と略記）を結成し、増加恩給の支給と待遇是正を求めた。この会は神戸支部代表の元陸軍歩兵軍曹・北川原栄次郎を会長とし、全国の支部や類似の団体と連携しながら活動した[15]。

なお、会の設立時期に関する史料は、管見の限り新聞資料をはじめ公文書にも見当たらない。一九三一年九月四日に会長である北川原が陸軍大臣南次郎に宛てた陳情書のなかで「有八年間帝都に於て優遇運動に精進し来りたる」とあることから[16]、一九二三年の恩給法制定前後から活動をはじめていたと推察される。

一時賜金癈兵と増加恩給を支給されている癈兵との間には、増加恩給の支給以外にもさまざまな待遇の差別があった。一九三〇年に日露戦争二五周年を記念して宮内省が「酒肴料御下賜」を癈兵に行った際、一時賜金癈兵は「御下賜」の対象から外されている。宮内省の対応に対して、連合会会長である北川原は「差別待遇も甚しく、一時賜金癈兵の忍び難き不名誉なり」として宮内省を訪問し、抗議をしている[17]。

同じく一九三〇年九月、当時連合会広島支部長であった楠原仙太郎（元歩兵軍曹）[18]は、昭和天皇の即位の礼の際、「地方賜饌」に一時賜金癈兵の参列が認められなかったことを受けて、「吾々は其の待遇地に堕ち国務担当者の軽視放任は犠牲的精神を蹂躙し愛国心を根底より覆へし所謂危険思想の養成之より甚しきはなし」という批判を加えている[19]。この批判からは、一時賜金癈兵も増加恩給を受給する癈兵と同様に兵役義務を果たし、国家の遂行した戦争によって傷痍を負った軍人であるという強い自己認識を有していたことがうかがえる。したがって、癈兵として認められないという事態は、軍人としての彼らの自己認識を否定されたに等しいことであった。そのため、楠原にいたっては、一時賜金癈兵の「軽視放任」は「危険思想の養成」につながりかねないと危機感を煽って待遇の改善を訴えている。癈兵との待遇の差別に対し、一時賜金癈兵の間には不公平感が募っていた。

一九二九年一二月九日、審議会第一回総会の席上で、幹事長である杉山元陸軍省軍務局長も「殊に精神的の優遇方面に於ては、殆ど顧みられないので、彼等〔一時賜金癈兵〕は増加恩給癈兵を羨望して止まない状況であります」と差別待遇を認めている。[20] こうした状況の中で増加恩給を受給する癈兵への「羨望」と現状に対する不満は、一時賜金癈兵のなかで同じ癈兵として認め、遇してもらいたいという強い要求をよび起こした。

連合会は一九二九年一一月一二日に全国各支部代表者協議会を開催し、運動方針の協議を行った。その際の決議事項の一つ「請願運動に関する件」によると、主な請願内容は、増加恩給支給、軍人傷痍記章授与の二点である。[21] 軍人傷痍記章は「偽癈兵」の取り締まりのために一九一三年勅令第二〇号によって設けられたものであり、増加恩給を受給する癈兵の申請を受けて陸海軍大臣から授与された。増加恩給を受給する者だけが癈兵であるという認識が強かったことは、先の宮内省をはじめ政府当局の対応をみても明らかである。恩給制度の差別構造は、社会的待遇にまで影響を及ぼしていた。一時賜金癈兵が差別から抜け出すための第一歩は、国家から「名誉ある負傷者」と認定された徴である軍人傷痍記章を得ることであった。

審議会の開催が新聞等で伝えられた直後から、連合会は本格的に請願・陳情活動を開始した。以下、連合会の主な活動を順に追っていこう。一二月六日からの四日間、連合会会長の北川原は各地の代表者七〇余名を集め、各審議会委員のもとに陳情へ赴かせた。同月一〇日には陸軍省での会議の状況聴取を行っており、審議会に対する連合会の関心の高さがみてとれる。[22] さらに翌一九三〇年の一月には、北川原が『審議会委員諸公の御仁俠に愬ふ、癈兵の叫び』と題した小冊子を審議会委員と全国の一時賜金癈兵に配布し、「国家の犠牲」になった一時賜金癈兵・無償癈兵に軍人傷痍記章ならびに増加恩給を与え、「精神的優遇」と生活の安定をはかるのは「当然なり」と訴えている。[23] つづいて七月からは、代表者十数名を審議会委員・関係者のもとに毎月陳情に赴かせ、次の第五九回帝国議会（一九三〇年一二月〜三一年三月）に恩給支給および一時賜金癈兵の「優遇案」を提出するよう働きかけた。[24]「優遇案」の内容は定かでないが、やや後の一九三一年九月四日に北川原が陸軍大臣南次郎に宛てた陳情書に「精神的優遇法として且つ戦友の英霊を弔する為靖国神社に参拝の必要上鉄道無賃乗車券を下付せられたきこと」という項目があることから、癈兵に認められていた国有鉄道の無賃乗車などの諸待遇を指しているものと考えられる。[25]

他方で一時賜金癈兵の運動は、徴兵制を根底から揺さぶるような兆しをみせていた。連合会広島支部（支部長は楠原）では、一九三〇年五月一一日広島市明治堂で開かれた総会で、「吾々子弟の兵役免除の件」として、癈兵子弟の兵役免除を求める方針を協議している。結果としてこの方針は審議会答申が出される前ということもあり、「悪感情を抱かしむるを以て否決」された。[26] 自身が癈兵となった見返りに子弟の兵役免除を求めるという要望が、一時賜金癈兵の間で芽生えていたのである。

一時賜金癈兵による陳情は、一九三〇年一二月七日に審議会が答申を提出するまで続いた。一時賜金癈兵の活動の効果は大きく、彼らの要求にほぼ沿うかたちの答申が出された。答申では、恩給の支給について、「（一）症状重キモノニ対シテハ増加恩給ヲ（二）症状之ニ亜《つ》ク者ニ対シテハ普通恩給ヲ併給セサル特殊ノ年金ヲ（三）症状軽キ者ニ対シテハ一時金ヲ支給スルコト」としている。ほかにも、軍人傷痍記章の授与範囲を一時賜金癈兵まで拡大すること、重症者への国有鉄道の無賃乗車許可と軽症者の運賃割引の二点も決議事項に含まれた。審議会答申は、一時賜金癈兵の要求をほぼ満たすものとなっていた。また、答申には軍事救護法の適用範囲を兵役全てを免除された者から一種以上の兵役を免除されたものへと拡大する旨も盛り込まれた[27]。

しかし実際には、財源不足を理由として、第五九回帝国議会には一時賜金癈兵への恩給支給を盛り込んだ恩給法改正法案は提出されず、彼らへの恩給支給は事実上の棚上げにされた。軍事救護法の改正による救護対象の拡大（一九三一年三月二八日法律第二七号）は実現したものの、そのほかの決議事項のうち実現したのは、軍人傷痍記章の授与範囲を一時賜金癈兵まで拡大すること（一九三一年三月一六日勅令第一六号）など比較的財政負担の少ないものに限定されており、国有鉄道の無賃乗車や運賃割引も見送られた。

第五九回帝国議会での恩給支給の実現性が薄まるにつれ、連合会の内部では今後の運動方針をめぐって混乱が生じていた。会長の北川原は、第五九回帝国議会の会期途中から増加恩給の獲得は困難であると見越し、恩給支給の実現のためにも、まず一時賜金癈兵の置かれた状況を説明し、社会の理解を求めていくべきだと主張した[28]。

しかし、増加恩給の支給が見送られた後の絶望と憤りは大きく、一時賜金癈兵のなかからは、政府に批判的な意見があがった。恩給法改正法案提出が見送られた後の連合会会報には「命令一つに戦端に飛出し抜群の功をして僅かの《ママ》もの、運良く死ねばよきものを運悪く廃残の身となり」という悲嘆の声が綴られている[29]。富山県支部長の中新庄次郎は、第五九回帝国議会で恩給法改正案の提出が見送られたのを受けて、「現在我国が世界列強の一として誇り得るは、一に吾々不具者同胞の身命を抛つて、御国の為に尽くしたる結果なり、然るに吾々に対し、何等報ゆることなく寧ろ長年月の間不具者をして路頭に迷はしめたるのみ」との不満を憲兵にぶつけている[30]。

国家のために「身命を抛《なげう》」った、つまりは国家最高の義務である兵役義務に服し、傷痍疾病を負った「名誉」ある軍人であるという自己認識の強さと、それゆえに現在の置かれた状況との落差から、不満を「棄民意識」にまで昇華させ、痛烈な国家批判を展開するというのは、増加恩給を受給する癈兵と共通する部分である。だが、

図4－1　明治神宮前での断食祈願

出所：『歴史写真』1931年6月号。

一時賜金癈兵の場合は、増加恩給を受給する癈兵と同じ過酷な戦場体験を有しながらも、わずかな症状の違いにより増加恩給を受給できなかった。それゆえに、癈兵としての社会的待遇も受けられない現状への、やりきれない思いや「棄民意識」は一層強いように思われる。

そうしたやりきれなさは、一部の一時賜金癈兵のあいだで先鋭化して表れるようになっていく。第五九回帝国議会への恩給法改正法案提出の可能性がほぼ絶たれたなかで、連合会の対応は二つに分かれた。

一つは政府との摩擦を避け、穏健な運動路線をとろうとする動きである。一九三一年三月一五日、広島傷痍兵戦友会（会長は楠原）は集会を開催した。県下一四八名の会員参加のもとで行った集会では、「会員相互扶助並思想国難に対する方針の件」として「飽迄軍人精神に立脚し危険思想の撲滅を期し思想国難匡救の為努力すべきことを期す」という旨を決議した[31]。一時賜金癈兵の軍人としての自己認識に訴えることで、会員の不満を抑えて自制を促し、政府とのこれ以上の摩擦を回避しようとしているように考えられる。

その一方で、政府当局に対する失望感や絶望感が広がるなか、穏健な請願運動に代わって恩給支給実現のためには示威行動もやむなしとする強硬な意見を主張する一派も台頭しはじめていた。その中心となっていたのが、連合会副会長の石川金太郎（軍隊内階級は不明）であった。その後の連合会は石川ら強硬派を中心とした活動が目立つようになる。

図４－２　雨のなか断食祈願にのぞむ癈兵

出所：『読売新聞』1931年７月22日付、朝刊。

最も注目を集めたのが、一九三一年七月二〇日、恩給の支給を政府当局に迫るために行った明治神宮前での断食祈願であった（図４－１参照）。彼らは「血税を払つた陛下の赤子の生活を保証せよ」と訴え、雨中での七二時間にも及ぶ断食祈願を決行した。参加者は「戦争に行つたつもりで頑張れ！」と励ましあい、「日露戦争のことを思へば何でもありません」、「吾々は解散、検束、拘留などは敢て覚悟の上」と新聞記者に応えている。多くが老齢で病や傷が悪化しているうえ、雨のなかでの断食は苛酷なものであり、参加したおよそ四〇名の一時賜金癈兵たちは次々と倒れた（図４－２参照）[32]。

政府との対峙も辞さない一時賜金癈兵の姿か

らは、「棄民意識」と同時に、過酷な戦場をくぐりぬけてきたという自負心をみてとることができる。戦争体験に根差した一時賜金癈兵の自負心は、彼らがこだわりつづけていた軍人であるという自己認識をも揺さぶっている。彼らの自己認識は、運動の源泉であるとともに、「軍人精神」を謳った先の広島の決議にみられるように、一方で彼らの行動に自制をもかけていた。だが、断食祈願を決行した一時賜金癈兵のあいだでは、祈願の決行によって検束・拘留される可能性は顧みられていない。癈兵であることを否定され続けても、彼ら一人一人が抱える固有の戦争体験は、国家や社会をもってしても否定できるものではない。それは、一人一人の実存に関わるほどの強烈な意味合いをもって個人のなかに深く刻み込まれており、彼らはそこに一人の人間としての自負心を見出していたのではないだろうか。この意味で、一時賜金癈兵の戦争体験は、自己認識という束縛をも解き、政府当局との対峙を可能にした原動力となっていた。

しかしながら、政府当局は断食祈願をも黙殺し、恩給支給実現の可能性は不透明なままであった。断食祈願の決行後も、石川らは各省関係者への陳情を続けた。直後の七月二四日には、陸相官邸に南次郎陸相を訪問し、直接面会して陳情を行っている。石川らの陳情を受けた南陸相の反応はにぶく、「極力尽力する」と述べるにとどまり、言明を避けた(33)。この直後の七月二六日、石川らは協議の結果、あまり成果を得られないままの請願運動をいったん打ち切り、議会の時期に再び集結することを約して解散した(34)。

三　断食祈願の弾圧と傷痍軍人特別扶助令の制定

事態が急変するのは満州事変の勃発以降である。一度目の断食祈願からおよそ三カ月後の一九三一年一〇月二六日、石川らおよそ五〇名は再び神宮橋付近で断食祈願を決行した。この日の断食祈願はすぐに警察に阻止され、石川らは黒龍会自由倶楽部に引き揚げてきている。黒龍会との関係は現在のところ不明だが、会場を借りていることからも、国家主義団体である黒龍会が石川ら一時賜金癈兵に何らかの支援を行っていたことは確かのようである。なお、黒龍会自由倶楽部に引き揚げてきた際に、連合会の顧問弁護士が「斯る警察の干渉ある以上は最早最後の手段として直訴に出づる外方法なし」と発言したため警察官に検束され、解散を命じられるという事件も起きている(35)。

一度目の断食祈願の際には警察の干渉を受けていないことから、政府の対応の変化が見受けられる。満州事変の勃発による情勢の変化に加えて、反軍を訴える勢力が一時賜金癈兵の断食祈願を、戦争犠牲者の「末路」を象徴する事例として持ち上げていたことも、その理由の一つであろう。共産党をはじめとする反軍活動の側は、「断食癈兵と戦争」と題する宣伝ビラをまき、「『国家干城』の末路の何と惨たる！」と断じ、「癈兵諸君、民衆諸君、戦争を根こそぎ無くするために無政府共産主義者と共に起つて」と呼びかけている(36)。反軍活動に一時賜金癈兵が利用され取り込まれれば、満州事変の興奮と熱気に水を差す事態になりかねず、政府当局はそれを恐れて弾圧を加えたのである。

一度目の断食祈願が社会に与えた影響は大きく、同じ一時賜金癈兵の団体や支援者からも断食祈願という行為に対する批判の声があがった。広島傷痍兵戦友会長の楠原は、断食祈願は「労働争議にも比すべき」行為であり、「吾々の生命とする軍人精神を没却し、体面を汚」したうえに、「当局者をして良からぬ感情を醸成し、折角好転しある吾々の運動を一大暗礁に乗り上るに至る」と非難している(37)。一時賜金癈兵を支援する側からも、再度の断食祈願は「国民の同情」を失い、さらに断食祈願の影響として「間接に国軍の士気を損じたり、帝国の威信に関係する様な結果をもたらす」恐れがあるとして祈願の再挙を制止する働きかけがなされていた(38)。石川らによる二度目の断食祈願は、こうした会の内外からの非難と制止のなかで行われた。結果として、二度目の断食祈願後に石川らの行動や言動は会の内部で「急進分子」として問題視され、石川ら強硬派数名は連合会を除名された。軍人としての自己認識を抱く廃兵として、「軍人精神」に悖《もと》るような石川らの行動を会としては容認できなかったのであろう。除名後、石川らは従来の運動の継続を目指して、「皇国廃兵連合会」という新たな会を結成して活動にあたっている(39)。

一方で満州事変の拡大は、政府に一時賜金廃兵に対する恩給の支給をうながす契機ともなった。満州事変後に開催された国防思想普及講演会の参加者のなかからは、主戦論を高唱する軍部に対して、つぎのような言葉も囁かれていた。

軍部ハ頻リニ主戦論ヲ高唱シアルモ戦争ノ歴史ニ徴スルニ『一将功成リ万骨枯ル』ノ諺ニ洩レス明治神宮ニ於ケル一時賜金廃兵ノ絶食祈願ニ対シ何等ノ策ヲ講スルコトナク傍観シアル現制度ニ於テ喜ンテ戦争ニ参加スル国民ハナカルヘシ(40)

満洲事変の「熱気」に水をさすような批判である。それだけに、反軍感情を封じ、戦意高揚をはかるためにも、政府や軍部にとって一時賜金廃兵の問題は見過ごせない事態となっていた。

そのため、陸軍省も恩給法改正のための法案の作成と関係各省との折衝にとりかかりはじめている。陸軍省は、「廃兵優遇案」を打ち出し、恩給法改正法律案と経費を追加予算として次の第六二回臨時帝国議会（一九三二年六月一日〜六月一五日）に提出することを目指した。陸軍省が作成した「癈兵優遇案」は、症状の重い者には増加恩給を支給するという方針を示した審議会答申とほぼ同様の内容であり、かかる経費は二九〇万円と見込まれた[41]。しかし、財源と臨時議会の会期が差し迫っていることが問題とされ、陸軍省と大蔵省との交渉は難航した。

五月七日には鷲尾弘準内閣恩給局長・中井良太郎陸軍省恩賞課長・賀屋興宣大蔵省司計課長が三局事務官会議を開催して最後の交渉を行い、基礎案をまとめるに至った。この内容は、大きく分けて次の二点からなっている。一つ目は、恩給法の改正を見合わせ、「一時賜金癈兵の扶助料に関する件」として単行勅令を出すこと。二つ目は、経費を約一八〇万円とし、財源は公債に求めることである。この基礎案をもとに九日には陸軍・大蔵両当局が折衝を行い、成案の作成と三二年度分所要経費およそ一六〇万円を臨時議会に提出することになった[42]。一〇日の閣議では、荒木貞夫陸相と高橋是清蔵相らが意見交換を行い、臨時議会が切迫していることを理由に恩給法の改正を断念した[43]。これにより恩給法の改正は見送られ、勅令に基づいて暫定的な措置をはかる方向が決定した。

そして、一三日の陸軍省と大蔵省との最後の折衝によって、成案を修正して勅令とし、要する経費を臨時議会に提出することが確定した。修正された成案は、要約すると次の二点である。まず、一時賜金癈兵の「優遇」に関する総経費は二〇〇万円とし、三二年度は八月一日より実施するため一六〇万円を経費として臨時議会に提出するとした。一六〇万円のうち一時賜金癈兵に対する一時金は約八八万円、増加恩給に相当する扶助料（年金）は約七四万円（年額給付ではなく、八月一日の実施に合わせて八カ月分の給付）とされた。つぎに、一時賜金癈兵に対する扶助料支給方法は陸軍大臣に対する本人の申告によるとした。この場合は症状の再審はせず、一時賜金を受給した当時の症状を基礎として給与するとした[44]。

修正案では、陸軍省が打ち出していた「癈兵優遇案」と比べて経費がさらに削減された。また、審議会答申をほぼ踏襲した陸軍省による「癈兵優遇案」では、一時賜金癈兵の現症を再審したうえで恩給の支給をするということになっていたが、それも変更され、原則再審は行わないことになった。そして第六二回臨時帝国議会において、これらにかかる諸経費一六〇万一〇〇〇円は、追加予算として両院で認められた。勅令案は、七月二六日の閣議で関係各閣僚の承認を得て上奏裁可され、七月二九日「傷痍軍人特別扶助令」として公布された[45]。また、同時に陸軍省令として「傷痍軍人特別扶助令施行規則」が公布された。この勅令は、適用者を一九二三年九月三〇日以前に一時賜金癈兵となった者に限定をしたため、日清・日露戦争の従軍者を含んだ下士官・兵一万一五八七人が主な対象となった[46]。

これが一時賜金癈兵に対する初の救済策である。しかし、一時賜金癈兵への恩給の支給は、勅令と追加予算に基づく暫定的なものであった。臨時議会の会期に恩給法の改正が間に合わず、予算の目途もたたなかったため、つぎの通常議会での恩給法改正を見据えたうえで、勅令によって暫定的に一時金と扶助料の支給をはかったのである。そのため、皇国癈兵連合会など一時賜金癈兵の団体のなかには、早期の恩給法改正を訴え、請願を行うものもあった[47]。

恩給法の改正がなされ、一時賜金癈兵に対する恩給の支給が法律で定められたのは、翌一九三三年である。この改正により、一時賜金癈兵など軽症者を対象とした傷病年金が創設された。症状に応じて第一款から第四款の四段階の基準が設けられ、増加恩給と同様に、同じ症状でも戦闘又は戦闘に準ずべき公務（甲号）の場合は、普通公務（乙号）よりも支給金額が高い。兵の場合は第一款乙号が年額二一〇円（甲号二六〇円）、第四款乙号が同一一〇円（甲号一三〇円）を支給された。

なお、この法施行後の傷病を対象とするのが原則であり、施行前の傷病については、賑恤金（恩給法では傷病賜金と名称変更）の受給者が法施行後七年の請求期間内に請求した場合にのみ支給されることになっていた[48]。また、傷病年金は支給対象を特に重症とされた第一款から第四款に該当する傷病賜金受給者[49]に限定していた。よって第五款から第十款に該当する比較的「軽症」の一時賜金癈兵は傷病年金の支給対象外とされた。くわえて、原則的に法律施行後の傷病を対象とし、施行前の傷病は賑恤金または傷病賜金を受けた者が七年の時効期間内に請求した場合にだけ支給されることになっていた。そのため、「後代に至つて意に満たない傷病者が相当数見受けられた」という[50]。

以上みてきたように、満州事変以降の情勢の変化と「赤化防止」のために[51]、政府当局も一時賜金癈兵の訴えを無視できず、対策を打ち出さざるを得なかったのである。すべての一時賜金癈兵を対象としていないという大きな欠点を残しつつも、この恩給法改正により彼らが求めていた恩給の支給は曲がりなりにも実現した。断食祈願に対する弾圧と勅令による暫定的な措置がとられたことにより、強硬派の急先鋒であった石川が新たに設立した皇国癈兵連合会も、断食祈願を決行することはなく、先にあげたように、恩給法の早期改正を請願するのが主な活動となった。

さらに、これまで政府当局や軍に対して批判や怨嗟の声をあげていた一時賜金癈兵のなかからは、日本軍の行動を支持しようとする動きもみられるようになっていた。広島傷痍兵戦友会は「時局ニ対スル世論ヲ喚起シ国民ノ自覚ト挙国一致ノ団結ヲ図ルヘク」会報として『満蒙真相普及号』を発行し、全国の友好団体と広島県下の会員・在郷将官へと発送している[52]。

無論、軍が打ち出した対策は、恩給法の改正だけではない。軍人としての自己認識を利用することによって、一時賜金癈兵をはじめ癈兵全般の行動に規制をかけることも同時に行っていた。一九三二年九月一〇日付の『読売新聞』では、陸軍省の直轄に癈兵団体を統一する方針が打ち出されたことが報じられている。陸軍が癈兵団の統一を打ち出したのは、「薬品の押売り」、「救恤金の強請」をはたらく「癈兵中一部の不心得者或ひは偽癈兵」の取り締まりのためであるとしている。彼らを放置すれば「祖国の犠牲となつた名誉の戦傷者三万余の体面を傷つけること甚だしい」ため、「純良」なる癈兵有志と協議し、陸軍省の公認の単一団体に統一することになったという(53)。

翌々日の九月一二日付の『読売新聞』夕刊には、その際の癈兵団の代表者会合の様子が写真で掲載されている。押し売り、強請を働く「不良」な癈兵と「祖国の犠牲となつた名誉の戦傷者」とを区別し、「純良」な癈兵たちの自己認識に訴えかけることで、長年の間に積もった彼らの不満や憤りを抑え、行動に枠をはめて国家の側に引き寄せるというのがねらいであった。陸軍の打ち出した癈兵団体の統一は一九三六年一二月に大日本傷痍軍人会の創設となって実現する。

おわりに

恩給制度は、恩給発生年限をはじめとするさまざまな線引きを設けることで兵役義務を負った者の大部分を排除した。さらに、同じ傷痍疾病を負ったとしても、軍隊内の階級や勤務年数、傷痍疾病の原因によって支給額は異なっていた。恩給制度は幾重にも線引きを行い、補償対象者を限定したうえ、補償金額に差を設けるという差別構造をなしていた。一時賜金癈兵は、癈兵と同じく公務あるいは戦闘によって傷痍疾病を負いながら、審査基準と再審査期間の壁に阻まれ、増加恩給を支給されなかっただけに、その矛盾を体現する存在であったといえよう。その一時賜金癈兵が、国家に対して癈兵としての認知を求めたのが、増加恩給の支給を求めた運動であった。彼らの運動は、恩給制度に基づいて「名誉ある負傷者」としての待遇を国家と社会に認めさせる方向で展開され、恩給制度の枠内から逸脱するものではなかった。そうした意味において、一時賜金癈兵の運動は出発当初から国家に統合される契機を内包していたといえる。その際、彼らの戦争体験は、癈兵としての自己認識を支える方向で内面化されていった。満州事変以降の癈兵対策は、こうして形成された彼らの軍人としての自己認識に訴えかけ、自己抑制を求めることで、その分断をはかったのである。

だが、その一方で、本論でみたとおり、一時賜金癈兵の一部は国家との対峙も辞さない姿勢で断食祈願に臨んでいる。彼らは、長年にわたって癈兵としての自己の存在を否定され続けてきた結果、国家との対峙を辞さない姿勢をみせた。その際に彼らの原動力となったのが、自らの苛酷な戦争体験に根差した一人の人間としての自負心であった。いわばそれは、断食祈願という一時賜金癈兵の一人一人の実存を賭けた国家との闘いを根底で支えていたのである。この意味で、一時賜金癈兵の運動は、個々人の固有の戦争体験が国家との対峙を後押しする作用を果たしていたといえよう。

一時賜金癈兵の運動そのものは、傷病年金の創設と国家の弾圧により停滞を余儀なくされた。しかし、国家に対する不満は傷病年金の支給対象から漏れた人々が不満の声をあげたように、絶えずくすぶり続けていた。恩給制度が差別構造を有する限り、補償対象から排除された人々が、自身の戦争体験をよりどころに国家に対して不満の矛先を向ける可能性は常に存在していたのである。しかも制度の矛盾は、アジア太平洋戦争が総力戦のもと植民地を巻き添えにし、国内においても国民的規模の戦争被害をもたらした結果、さらに拡大していく。

注

（1）下士以下の陸海軍人の賑恤金受給者は、一九〇四年一七六人、〇五年五四八五人、〇六年一万四四二一人、〇七年五二二六人、〇八年八七七人となっている（内閣統計局『日本帝国統計年鑑』〔復刻版〕第二四〜二九回、東京プリント出版社、一九六四〜六五年、各年の「一時賜金受領人員」表参照）。

（2）一九〇六年法律第二〇号により軍人恩給法が改正され、賑恤金と免除恩給の併給が可能になったため、一時賜金癈兵のなかには賑恤金と免除恩給を併給して受給していた者も存在した可能性がある。

（3）陸軍次官畑英太郎「本邦癈兵制度ニ関スル件」（一九二七年一〇月六日、『癈兵院関係雑件』昭和二年、外務省外交史料館所蔵）、郡司淳『軍事援護の世界――軍隊と地域社会』（同成社、二〇〇四年）七九頁。

（4）総理府恩給局編『恩給百年』（大蔵省印刷局、一九七五年）七八〜八〇頁。

（5）作成者不明「傷痍疾病恩給等差類例ノ編纂及頒布」（一九〇五年七月二九日、医事第八八号、陸軍省編『明治卅七八年戦役陸軍政史』〔復刻版〕第五巻所収、湘南堂、一九八三年、二七五頁）。

（6）前掲『明治卅七八年戦役陸軍政史』〔復刻版〕第五巻、二七五頁。

（7）恩給制度における傷痍疾病の診断基準の確立を明らかにした研究としては、山田明「日露戦後明治期における癈兵の生活問題と癈兵政策の特質」（『日本福祉教育専門学校研究紀要』第一三巻第一号、二〇〇五年）がある。この研究によると、増加恩給の支給対象になる第六項症・第五項症とそれ以下の比較的軽度の傷痍の判定が第一線の軍医のあいだでも難しかったことが指摘されている。

（8）北川原栄次郎「一時賜金癈兵ニ対スル恩給支給法制定ノ請願　請願理由」（一九二六年一一月一九日付、『各種調査会委員会文書・行政調査会書類・十諸陳情書意見書等綴』所収、国立公文書館所蔵）（注――引用文中の〔　〕は引用者による。以下同様）。

（9）「第四五回帝国議会衆議院予算委員会（速記筆記）第二十二回」（『帝国議会衆議院委員会議録三一』臨川書店、一九八五年）二八六〜二八七頁。

（10）「第四六回帝国議会衆議院恩給法改正ニ関スル建議案外二件委員会議録（速記筆記）第一回」（『帝国議会衆議院委員

会議録三七』臨川書店、一九八六年）二一九〜二二〇頁。
（11）前掲『恩給百年』一四五頁。
（12）一八九三年二月二七日陸達第一〇号では、陸軍傷痍疾病恩給等差例を基に、賑恤金受給者のうち第一款（「一耳ノ機能ヲ廃シタルモノ」「支肢ノ運動ヲ妨クルニ至リタルモノ」など）、第二款（「第一趾ヲ併セ三趾以上ノ用ヲ廃シタルモノ」など）は兵役免除、第三款（「第一趾ヲ併セ二趾ノ用ヲ廃シタルモノ」など）から第五款（「頭首ニ大ナル醜形ヲ遺シタルモノハ第三款乃至第五款」）は一種以上の兵役免除とされた。この基準は、一九二二年に廃止が通達されるまで適用された（陸軍省医務局医事課「一等症患者の現役免除並傷痍疾病に因る服役区分に関する件」、一九二二年三月八日、陸達四号『大正一一年大日記甲輯』所収、アジア歴史資料センター［JACAR］Ref. C02031044600）。
（13）山本和重「満州事変期の労働者統合――軍事救護問題について」（『大原社会問題研究所雑誌』三七二、一九八九年）三一〜三六頁。一ノ瀬俊也『近代日本の徴兵制と社会』（吉川弘文館、二〇〇四年）第二部第二章。
（14）審議会の詳細については一ノ瀬前掲書第二部第二章「四　兵役義務者及癈兵待遇審議会」を参照。
（15）海軍省人事局第二課『軍人遺族傷痍軍人座右の栞』（海軍省、一九三四年）一七五〜一七六頁。同書では連合会の規模について、同系統の団体約八〇から構成され、会員総数は約一〇〇〇人としている。なお、連合会の活動を担っていた癈兵の軍隊内階級は現段階では会長の北川原ら一部以外は判明していない。どの階級が活動の中心にいたのかを明らかにすることは今後の課題としたい。
（16）憲兵司令部憲兵司令部『思想彙報』第二九号、一九三二年五月（吉田裕編・解説『思想彙報』下、不二出版、一九九〇年所収）。
（17）憲兵司令部『思想彙報』第一二号、一九三〇年四月（前掲吉田裕編『思想彙報』上所収）。
（18）なお、楠原は北川原の前任の会長でもあったが、一九三一年に広島傷痍兵戦友会を別に組織している。その背景には、北川原との対立があるものと推察されるが、詳しい因果関係は不明である（憲兵司令部『思想彙報』第八号、一九二九年一二月、前掲吉田裕編『思想彙報』上所収）。
（19）同前、第一八号、一九三〇年一〇月（前掲吉田裕編『思想彙報』上所収）。

(20) 「兵役義務者及癈兵待遇審議会第一回総会席上に於ける幹事長説明事項」(一九二九年一二月九日、於陸軍省、「書類送付の件」所収、自昭和五年一月~至昭和六年十二月『来翰綴(陸普)第一部』JACAR Ref. C01004997100)。
(21) 憲兵司令部『思想彙報』第八号、一九二九年一二月(前掲吉田裕編『思想彙報』上所収)。
(22) 同前、第九号、一九三〇年一月。
(23) 同前、第一〇号、一九三〇年二月。
(24) 同前、第一六号、一九三〇年八月。
(25) 同前、第二九号、一九三二年五月。
(26) 同前、第一四号、一九三〇年六月。
(27) 「兵役義務者及癈兵待遇審議会答申」(一九三〇年一二月一七日、前掲「書類送付の件」所収)。
(28) 憲兵司令部『思想彙報』第二一号、一九三一年一月(前掲吉田裕編『思想彙報』下所収)。
(29) 同前、第二六号、一九三一年一〇月(前掲吉田裕編『思想彙報』下所収)。
(30) 同前。
(31) 同前、第二四号、一九三一年五月。
(32) 『大阪朝日新聞』一九三一年七月二三日付、朝刊。同一九三一年七月二三日付、朝刊。『読売新聞』一九三一年七月二二日付、朝刊。
(33) 『神戸新聞』一九三一年七月二五日付、夕刊。
(34) 同前、一九三一年七月二七日付、朝刊。
(35) 憲兵司令部『思想彙報』第二九号、一九三二年五月(前掲吉田裕編『思想彙報』下所収)。
(36) 同前、第二六号、一九三一年一〇月。
(37) 同前。
(38) 志村栄太郎編『癈兵の断食祈願再挙に対し松島剛氏の演説要旨』(関東出版社、一九三一年、『海軍官房雑綴 昭和六年』所収、防衛省防衛研究所所蔵)四~七頁、一〇~一一頁。

(39) 憲兵司令部『思想彙報』第二九号、一九三二年五月（前掲吉田裕編『思想彙報』下所収）。
(40) 憲兵司令官外山豊造「国防思想普及講習会ノ状況並ニ其反響ニ関スル件報告（通牒）」（一九三一年一〇月三一日付、『満州事変憲兵情報自十月七日至十月卅一日』IPS Records（RG 331）Entry 329, Documents Assembled as Evidence by the Prosecution, Roll No. 42 所収、国立国会図書館憲政資料室所蔵）。
(41) 『神戸新聞』一九三二年五月九日付、朝刊。
(42) 金太仁作『軍事救護法ト武藤山治』（初版一九三五年、『戦前期社会事業基本文献集四〇　軍事救護法と武藤山治』日本図書センター、一九九六年として復刻出版）四八九〜四九一頁。当時時事新報社社長に就任していた武藤山治も一時賜金癈兵の問題に関心を寄せており、一九三二年五月五日と同七日に、一時金癈兵の問題解決を政府当局に訴える社説を掲載している。
(43) 『神戸新聞』一九三二年五月一〇日付、夕刊。
(44) 金太前掲書、四九二〜四九三頁。
(45) 傷痍軍人特別扶助令と後述する傷病年金の創設を中心とする一時賜金癈兵の待遇改善については、郡司淳『近代日本の国民動員』（刀水書房、二〇〇九年）の二六四頁以降において触れられている。だが、同書は断食祈願が軍に衝撃を与え、満州事変以降の情勢の変化も相まって一時賜金癈兵の早期待遇改善を可能にしたという点については触れていない。
(46) 金太前掲書、四九三〜四九九頁。
(47) 警視総監藤沼庄平「皇国癈兵連合会ノ請願運動ニ関スル件」（一九三三年一月二五日、高秘第一四〇号『陳情、請願関係雑纂（雑文書ノミヲ収ム）』JACAR Ref. B02031469500）。
(48) 前掲『恩給百年』一七九頁。
(49) 賑恤金は傷痍疾病の程度を五款にわけていたが、傷病賜金はさらに細かく十款にわけていた。傷病賜金における第一款は「一眼ノ視力カ視標〇・一ヲ二メートル以上ニテハ弁別シ得サルモノ」など四症例、第四款も「一側中指ヲ全ク失ヒタルモノ」など四症例があげられている。これよりも軽症な者は傷病年金の対象外とされた。対象外とされた第五款は「一眼ノ視力カ〇・一ニ満タサルモノ」など三症例、最も軽度の第十款は「一側第三趾乃至第五趾ノ中一趾ノ機能ヲ癈シタルモノ」など二症例があげられている。

(50) 前掲『恩給百年』一七九頁。さらには、軽症者や無償癈兵については、全く救済されない場合があった。たとえば、大日本傷痍軍人会の機関誌『みくにの華』第三号(一九三七年三月一日)の「みくにの華相談」欄には、「私は日露戦役に従軍南山戦争に於て右手に貫通銃創を受けて、三十余年間不自由の身に家業も働けず甚だ困つて過しましたが、昭和九年十一月陸軍病院にて診断を受けた結果第三目症と判定されました故、直ちに連隊区司令部へ照会致しましたが今に何の御沙汰もありません。又傷痍記章を請求する資格はあるでせうか尚賜金は有るのですか」という相談が寄せられている。

これに対する答えは、「君は傷痍は持つて居たが所謂無償傷痍軍人です。確かに傷痍軍人としての有資格者です」として傷痍記章授与の手続きを紹介しながらも、「傷痍軍人になつても公務に基因する傷痍疾病の為めに退職し、又は退職後一年内に之が為一種以上の兵役を免ぜられた者の外には傷病賜金の給与もありません。右に依つて君にも賜金はありません」とすげなく否定している。一時賜金癈兵・無償癈兵の問題がその後も尾をひいていたことがうかがえる。

(51) 一九三三年に軍は「共産党ノ傷痍軍人及遺家族ニ対スル活動ニ基ク軍部ノ対策」を打ち出し、傷痍軍人・戦傷病者遺家族の教化や監視、軍事援護事業の徹底を関係官庁や各団体に求めており、共産主義の影響力に対する軍の警戒がみてとれる(恩賞課「傷痍軍人等に対する赤化防止の件」、一九三三年七月二九日、『昭和八年密大日記』第二冊所収、JACAR Ref. C01003959600)。

(52) 前掲「国防思想普及講習会ノ状況並ニ其反響ニ関スル件報告(通牒)」。

(53) 『読売新聞』一九三二年九月一〇日付、夕刊。

終章　日本社会は「廃兵」をどのように扱ったか

本書は、国家最高の兵役義務を果たし、なおかつ国家の遂行した戦争によって傷痍疾病を負い、「名誉の負傷者」として称揚の対象とされる一方、「戦争の惨禍」として忌避・蔑視されていた廃兵の軌跡を、彼らの内実に即して明らかにしてきた。

資料の残存状況の悪さも相まって、廃兵の存在そのものに焦点をあて、彼らを主体として叙述しようとする研究は、これまでほとんど試みられてこなかった。軍事援護事業の特殊性を論じた社会事業史研究や徴兵制と総力戦体制を支えた制度的基盤として軍事援護事業の果たした役割を論じた軍事史研究では、問題関心は異なるものの、いずれも廃兵を政策対象者としてみなし、客体という位置づけで研究を行ってきた。さらに、貧困や労働問題、差別問題からの民衆の「抵抗」や「解放」の歴史を叙述してきた民衆史研究も、廃兵を「抵抗」や「解放」の主体として描くことはなかった。そのため、社会事業史研究や軍事史研究が蓄積を増すにもかかわらず、廃兵は「名誉の負傷者」あるいは「戦争の惨禍」という位置づけのまま据え置かれた。

上記の研究状況に対して、本書は当事者である廃兵の視角から彼らの行動や言動を分析することを通じて、廃兵の固有の戦場体験・戦争体験の意味を明らかにし、「名誉の負傷者」、「戦争の惨禍」という位置づけの問い直しを試みたものである。終章では、各章の概括を行ったうえで、それにより得られた成果と課題を述べていきたい。

第一章では、一九二〇年代の廃兵による待遇改善運動の展開過程に焦点をあて、運動の意義と課題を論じた。復員した廃兵を待っていたのは、軍隊内の階級と学歴に基づく社会復帰の格差という現実であった。恩給制度は軍隊内の階級によって支給金額が異なり、最下級の兵士の恩給受給額では、生活の維持は非常に困難であった。さらに、本章でとりあげた『河北新報』の連載記事からは、入営前に雑業に従事していた者が多い兵士クラスほど、帰郷後に生活が立ち行かなくなるケースが見受けられた。それに対して一定の識字能力のある下士官や比較的高学歴である将校は、転職に成功したり、軍隊に残留したりする者が多く、軍隊内の階級と入営前の学歴が、受傷後・発症後の生活に影響を与えていた。待遇改善運動は、そうした格差を抱えながらも廃兵が連帯し、起こした運動であった。本章では、待遇改善運動に関する新聞報道や廃兵団体の規約などを検証することによって、廃兵運動の展開過程を明らかにした。それにより、格差を前提としつつも廃兵が連帯できた要因として、第一次世界大戦後の物価高による困窮のほかに、軍人であるという強い自己認識と「優遇」を当然視する「特権意識」、現状に対する不満を共有していたことを挙げた。さらに、軍人であるという強い自己認識と過酷な戦場体験は、廃兵の不満を国家や社会に見捨てられたという「棄民意識」にまで先鋭化させたことを指摘した。本章では、「棄民意識」は「特権意識」と表裏の関係にあり、この二つが両輪となって運動を盛り上げるという働きを果たしていたことを明らかにした。その一方で、「優遇」を当然視する「特権意識」は、運動の高揚のなかで固定化され、恩給増額を盛り込んだ恩給法成立後の運動の新たな局面を切り開く力とならなかったという構造上の問題を抱えていたことも論じた。

第二章では、第一章で分析した待遇改善運動の展開過程を前提として、「名誉の負傷者」として癈兵を一般の障がい者や貧困者と峻別し、特別視することが、当事者である癈兵の行動や言動にどのような影響を及ぼしたのかということを明らかにすべく、癈兵の名誉性をめぐる軍と援護団体、地方行政機関と癈兵の間の相克の分析を行った。まず、日露戦争後の社会事業者や経済界、援護団体などの癈兵対策に関する言説を分析し、日露戦争後の国家財政の悪化を背景に名誉性の保持を理由として、癈兵に「自活」を促すという論理が形成されていたことを解明した。その一方で、援護団体の関係者や田中義一らは、癈兵救護に対する社会の理解を得るために、救護を必要とする癈兵に対して名誉性の保持を求める意見を発信していた。さらに、在郷軍人会の機関誌『戦友』では、一部の癈兵の行動をとりあげて、「名誉の負傷者」として「国家的優遇」を受けるにふさわしい行動をとっていることを示すことで、社会の癈兵に対する尊敬の念の喚起をはかろうとしていた。この言説分析からは、軍や援護団体が、癈兵の被救護権を「国家的優遇」として抑圧するとともに、癈兵の行動や態度を「名誉の負傷者」としての枠内に束縛しようとしていたことが明らかになった。これに対して、当事者である癈兵が待遇改善運動のなかで発した主張は、尊敬の念と名誉性の欺瞞を指摘し、困窮の実態を突き付けるものであった。結果として、癈兵は恩給増額を勝ち取ったものの、恩給法が癈兵運動に影響されて成立したこともあって、軍や援護団体、地方行政機関のなかからは、癈兵団体を持て余す向きが強まった。軍や援護団体、地方行政機関は、恩給増額実現後も要求を重ねる癈兵団体に対して、自制・忍耐を求め、抑え込みをはかろうとしたのである。その際に用いられたのが、「名誉の負傷者」として自制・忍耐を求めるというロジックであった。この一連の相克の分析を通して、癈兵に与えられた国家的権威にもとづく名誉性とは、癈兵を特別視するものであると同時に、彼らの「権利」を抑え込み、行動や態度を束縛するものとして用いられていたと結論づけた。

第三章では、待遇改善運動の衰退後に癈兵団体の主催で行われた日清・日露戦争の戦場跡を巡る慰霊の旅に参加した癈兵の旅行記の分析を行い、彼らの戦争体験への向き合い方を検証した。はじめに、旅行記の分析を行う前提として、軍事援護事業団体である辰巳会の機関誌『癈兵之友』に掲載された癈兵の投書などから、復員後の癈兵の体験の特徴を析出する作業を行った。それにより明らかになったのは、「凱旋」行事に参加できなかった癈兵が強い不満や「引け目」を抱えていたということであった。さらに、日露戦争の熱気が冷めた社会では、彼らの身体の傷痕は忌避の対象であったこと、兵役免除となり軍籍を有しない癈兵は軍人として待遇を受けられない場合があったことも明らかになった。こうした国家・社会の対応に対して、軍人であることを誇りに思う癈兵は強い不満とやるせなさを抱えていた。これが癈兵の復員後の体験の特徴であった。これに対して、つぎに行った旅行記の分析では、以下の二つを特徴として提示した。一つは、旅行先で癈兵が受けた盛大な歓待に対する感想である。これは、日露戦争当時に「凱旋」を体験することのできなかった彼らの不満や「引け目」を払拭し、自己の存在価値を彼らに再確認させる役割を果たした。二つめは、朝鮮と「満州」の「発展」に関する感想である。かつての戦場の「発展」を目にした癈兵は、自分たち癈兵や戦友の払った犠牲の価値を再確認し、自らの戦争体験を朝鮮・「満州」の「権益」を獲得するものであったと意味づける感想を記していた。そして、その戦争体験の意味づけを強固なものにしていたのが、戦死者に対する「負い目」であった。以上の分析から、本章では、日本国内で国家や社会から存在を忘却され、不満とやるせなさを抱えていた癈兵が、旅行の過程を通じて自己の存在価値を確認し、自らの戦争体験を朝鮮・「満州」の「権益」を獲得するためのものであったと位置づけ、「帝国意識」を強めていったと結論づけた。

第四章では、比較的軽症のため増加恩給の支給対象から除外された一時賜金癈兵の増加恩給権獲得運動・待遇改善運動の展開過程と彼らの戦争体験との関係性を明らかにした。まず、一時賜金癈兵が生み出された経緯を明らかにするために、恩給制度の問題点の検証を行った。その結果、恩給制度は恩給発生年限など幾重にも線引きを設けることで補償対象者を限定するという差別構造をもった制度であり、一時賜金癈兵は癈兵と同様に傷痍疾病を負いながらも、審査基準と再審査期間という壁に阻まれ、増加恩給の支給を受けられなかったという経緯を明らかにした。つぎに、一時賜金癈兵による運動の展開過程の分析を行い、恩給制度に基づいた自らの「特権性」を国家と社会に認めさせる方向で展開されたことを示した。その際に、彼らの戦争体験について、癈兵としての自己認識を支える方向で内面化されると同時に、国家と対峙する際の原動力にもなると位置づけた。

以上の各章の分析と考察をもとに、序章で述べた本書の課題と照らし合わせると、つぎのような結論が導き出せる。

一点目は、癈兵による待遇改善運動を支えていたのは、個々の戦場体験・戦争体験にもとづく軍人としての強い自己認識であったということである。一九二〇年代に展開された癈兵による運動は、癈兵が主体となって展開した運動であった。彼らの主張する恩給増額と待遇改善は、「戦争の惨禍」として同情や蔑視の対象とされることへの「抵抗」であり、「解放」のための試みでもあった。運動の底流にあったのは、兵役義務を履行し、さらには国家の遂行した戦争で傷病を負った軍人であるという強い自己認識と、「名誉の負傷者」という国家や社会の称賛からかけ離れた現状に対する不満であった。彼らの自己認識と現状に対する不満は、当然ながら過酷な戦場での体験にもとづいていた。癈兵と認知されなかった一時賜金癈兵による運動では、軍人としての強い自己認識がより顕著に現れている。一九二〇年代末から三〇年代初頭にかけて展開された一時賜金癈兵による運動は、蔑視の対象とされた増加恩給を受給する癈兵よりも、さらに「劣位」に置かれた存在がいることを訴え、癈兵としての認知と待遇を求めた運動であった。戦争犠牲者である癈兵による運動は、運動に参加した個々人が自らの戦場体験・戦争体験の意味を問い直す場でもあったのである。

二点目は、犠牲を払った癈兵・遺族の存在を忘却し、さらには蔑視する日本社会と国家に対する不満、そして戦場体験・戦争体験に対する強いこだわりが、彼らの「帝国意識」の土壌となっていたことである。戦場体験・戦争体験の意味を問い直すという作業は、運動の延長線で行われた朝鮮・「満州」での慰霊旅行を通じても行われた。朝鮮と「満州」の「発展」を目にした癈兵団体は、自らの戦場体験・戦争体験を朝鮮と「満州」の「権益」を獲得するものであったと位置づけたのである。戦場体験・戦争体験のこうした位置づけは、日清・日露戦争の癈兵が満州事変以降に兵士の親・地域の中堅層として戦時体制を下から支えた世代であるという事実を踏まえると、より重要な意味をもつ。満州事変以降の軍事的膨張を支える思想的基盤の形成には、日清・日露戦争の癈兵も深く関わっていたのである。

三点目は、癈兵による運動が戦争犠牲者としての立場から差別への「抵抗」と「解放」をはかるものである以上、貧困者や一般の障がい者と癈兵を峻別するという構造上の問題を抱えていたこと、さらには癈兵自身も戦争犠牲者という立場に縛られざるをえなかったことである。具体的には、軍や援護団体は、癈兵の「権利」を名誉性の保持という観点から抑圧するとともに、その言動と行動を「名誉の負傷者」の枠内に抑えようとした。こうした軍や援護団体の論理構造が、のちに癈兵・傷痍軍人の「権利」を抑圧し、「精神修養」を第一義とする大日本傷痍軍人会の創設に繋がるのは、本研究でみた通りである。

つぎに、本研究の課題をあげると以下のようになる。

第一に、日中戦争以降の廃兵・傷痍軍人の精神構造について分析を行い、明らかにすることである。本書では日露戦争後から一九三〇年代前半にかけての廃兵の自己認識を分析し、彼らが軍人としての強い自己認識と国家や社会から見棄てられたという「棄民意識」を抱き、それが廃兵運動の原動力になっていることを指摘した。だが、軍事援護政策が制度として整備されていく日中戦争以降の廃兵・傷痍軍人の精神構造の変化は、資料上の制約から本書では取り上げることができなかった。分析方法を再検討し、今後に取り組むべき課題としたい。

第二に、戦争犠牲者への補償をめぐる日本社会の意識の変化について、アジア太平洋戦争後を視野に検証を行うことである。本書で明らかにしてきたように、国家や社会は戦争犠牲者である廃兵への補償の必要性を認識し、同情を寄せながらも、同時に待遇改善を要求する廃兵に冷淡な視線をも向けていた。このように、戦争犠牲者による補償要求に対して、国家も社会も容易にそれに応じようとせず、ともすれば「受忍」を強いるような構造は、アジア太平洋戦争後の戦後補償をめぐる諸問題にも通底するように思われる。こうした構造は戦前から戦後にかけて、どのような連続あるいは断絶を経て現代の日本社会に影響を与えているのだろうか。それを具体的な事例を用いて明らかにすることを第二の課題としたい。

あとがき

本書に登場する日清・日露戦争の「癈兵」が、この世を去ってから長い年月が経った。アジア太平洋戦争の「傷痍軍人」の平均年齢も九八歳を超えたという（『東京新聞』二〇一八年一二月八日付、朝刊）。「癈兵」も「傷痍軍人」も日本からいなくなる日はそう遠くない。被爆者や空襲被災者も、それは同じだろう。

戦後四〇年目の年に生まれた私は、街角で募金をする「傷痍軍人」の姿をみたことも、実際に会って話を聞いたこともない。亡くなるまで同居していた祖父はアジア太平洋戦争への従軍経験はあったが、「傷痍軍人」ではなかった。生身の「傷痍軍人」と接したことのない世代の研究者である私が、「傷痍軍人」を研究テーマとすることへの躊躇いは今でもある。本書をまとめ終えた現在、私は本書を通じて戦争体験者が体をはって国や社会に訴えたかったことをどれくらい掬い取れているのだろうか、という自省のなかにいる。

長い大学院生時代のなかで、さまざまな人たちとの出会いがあった。今でも研究員としてお世話になっている東京大空襲・戦災資料センターでは、空襲被災者の方たちの話を伺うことができた。そのなかには、肉親を空襲で失った人や傷害を負われた方もいた。空襲被災者には未だに何らも補償がなされていない。自らの戦争体験の意味を問いつづける空襲被災者の方たちの姿は、「癈兵」にも通じるものがあると感じた。

また、院生時代にアルバイト先としてお世話になったのは、地域社会で暮らすしょうがいしゃ（彼女は「しょうがいしゃ」と書いていたのでこう記す）の女性の元だった。介助のアルバイトをしながら、彼女は私にいろいろなことを教えてくれた。美味しいお店の場所、行きつけの雑貨屋さん、趣味、彼女の暮らしぶりから伺える世界は、エネルギーに満ち溢れて生き生きしたものであった。それでも、幼少期からこれまでの人生について語ってくれる時の彼女の表情は、言い表せない悔しさや、やるせなさを無理矢理に飲み込んでいるように見えた。「癈兵」や「傷痍軍人」のしょうがいしゃとしての側面に着目するきっかけをくれたのは、間違いなく彼女と過ごした体験だった。

直接に「癈兵」も「傷痍軍人」も知らない世代の研究者である私が、「癈兵」や「傷痍軍人」に近づくためには、資料だけではなく、色々な人との出会いと体験、そして他者の体験を想像しようとする努力が必要だった。今後もそうした努力を怠らずに続けたい。

本書は、二〇一六年度に一橋大学大学院社会学研究科に提出した博士論文「近代日本の戦傷病者と戦争体験」を加筆・修正したものである。初出は以下の通りである。

第一章　「一九二〇年代における「癈兵」運動の展開過程」（『人民の歴史学』第二〇二号、東京歴史科学研究会、二〇一四年）

第二章　「「名誉の負傷者」とは何か――「癈兵」にみる名誉性の保持と抑圧」（『大原社会問題研究所雑誌』第七一一号、大原社会問題研究所、二〇一八年）

第三章　「慰霊旅行記にみる「癈兵」の戦争体験」（『季刊　戦争責任研究』第八一号、日本の戦争責任資料センター、二〇一三年）

第四章　「「一時賜金癈兵」の増加恩給獲得運動――運動における戦争体験のもつ意味」（『一橋社会科学』第五巻、一橋大学大学院社会学研究所、二〇一三年）

序章・終章は書き下ろしである。なお、博士論文には日中戦争以降の大日本傷痍軍人会に関する論稿を収録したが、「癈兵」に焦点をあてた構成にするために敢えて省略した。

本書をまとめるにあたり、上述した方以外にも多くの方々にお世話になった。

学部生時代を過ごした東京学芸大学では、岩田重則先生に卒業論文の御指導をいただいた。岩田先生には学問への向き合い方と研究者としての心構えを学ばせていただいた。また、学芸大学では、君島和彦先生のゼミに四年間出させていただいた。ゼミを通じて歴史学の基礎を学ばせていただくとともに、多くの先輩・後輩・同期とのつながりもつくることができた。

修士・博士と約一〇年間過ごした一橋大学大学院では主ゼミで吉田裕先生に、副ゼミで坂上康博先生にお世話になった。私が大学院に入学した頃、吉田先生は兵士の戦争体験・戦後体験についての一連の著作をまとめられている頃であった。研究に取り組まれている先生の後ろ姿を通して、研究の厳しさと向き合い方を学ばせていただいた。坂上先生には報告の度に丁寧なコメントをいただき、徹底した資料の読み方を教えていただいた。博士論文の審査にあたっていただいた石居人也先生と木村元先生も、貴重なご指摘とアドバイスをいただいた。また、院生時代を一緒に切磋琢磨させていただいた先輩・後輩諸氏にもお礼申し上げたい。

ここにお名前をあげることができなかった方々も含め、本書をまとめることができたのは多くの方々との出会いのおかげである。心から御礼を申し上げたい。

また、カバー写真の提供をご快諾いただいた信州戦争資料センター（http://sensou184.naganoblog.jp/）さんにも深く御礼を申し上げる。

本書を出版できたのは、日本経済評論社の新井由紀子さんにお声がけいただいたからである。新井さんには、何から何までお世話になった。同じく日本経済評論社の田村尚紀さんには、丁寧なお仕事をしていただいた。お二人に御礼を申し上げたい。

最後に、大学院進学で心配と迷惑をかけてしまった両親と親族に感謝をしたい。

二〇一九年六月三〇日

松田　英里

本書の出版は、日本学術振興会の研究成果公開促進費（課題番号19ＨＰ５０８０）の採択を受けたものである。

人名索引

索　引

事項索引

著者紹介

松田英里（まつだ・えり）

1985年生まれ、山形県出身。
公益財団法人政治経済研究所　研究員（2016年４月～）
一橋大学大学院社会学研究科　特任講師（2017年４月～2019年３月）
共愛学園前橋国際大学　兼任講師（2016年４月～）
専門は、日本近現代史（社会史・政治史）

学歴
2007年　東京学芸大学教育学部　卒業
2009年　一橋大学大学院社会学研究科　修士課程修了
2016年　一橋大学大学院社会学研究科　博士後期課程修了

主要業績
「「一時賜金癈兵」の増加恩給獲得運動――運動における戦争体験のもつ意味」『一橋社会科学』第５巻、一橋大学大学院社会学研究科、2013年
「「名誉の負傷者」とは何か――「癈兵」にみる名誉性の保持と抑圧」（『大原社会問題研究所雑誌』第711号、大原社会問題研究所、2018年

近代日本の戦傷病者と戦争体験

2019年11月7日　第1刷発行　定価（本体3600円+税）

著　者　松　田　英　里
発行者　柿　﨑　　　均

発行所　株式会社 日本経済評論社

〒101-0062　東京都千代田区神田駿河台1-7-7
電話 03-5577-7286　FAX 03-5577-2803
URL：http://www.nikkeihyo.co.jp
印刷＊文昇堂／製本＊誠製本
装幀＊渡辺美知子

乱丁落丁はお取替えいたします。　Printed in Japan

ISBN978-4-8188-2544-4